湖北省博物館
HUBEI PROVINCIAL MUSEUM

華章重現

曾世家文物

FROM OBLIVION TO GLORY

Treasures from the Noble Family of Zeng

湖北省博物馆　编

文物出版社

图书在版编目（CIP）数据

华章重现：曾世家文物 / 湖北省博物馆编. -- 北京：文物出版社，2021.3

ISBN 978-7-5010-6615-5

Ⅰ．①华… Ⅱ．①湖… Ⅲ．①青铜器(考古)—中国—图录 Ⅳ．①K876.412

中国版本图书馆CIP数据核字（2021）第035869号

华章重现——曾世家文物

编 者	湖北省博物馆
责任编辑	王 伟
责任印制	陈 杰
出版发行	文物出版社
社 址	北京市东直门内北小街2号楼
邮政编码	100007
网 址	www.wenwu.com
经 销	新华书店
制版印刷	天津图文方嘉印刷有限公司
开 本	889mm×1194mm 1/16
印 张	19
版 次	2021年3月第1版
印 次	2021年3月第1次印刷
书 号	ISBN 978-7-5010-6615-5
定 价	798.00元

目　录

7　　**致辞** / 方勤

8　　**曾世家考释** / 方勤

13　　**叶家山M126出土青铜器铭文简释** / 凡国栋

21　　**介绍一件国家博物馆藏的楚王酓章钟** / 黄一

25　　**第一单元　曾国之谜**

37　　**第二单元　始封江汉**

189　　**第三单元　汉东大国**

247　　**第四单元　左右楚王**

289　　**第五单元　华章重现**

304　　**后　记**

致 辞

　　荆楚文化是悠久中华文明的重要组成部分，在中华文明发展史上的地位举足轻重。湖北是荆楚文化的发源地，历史传承悠久、文化底蕴深厚。

　　1978年随州曾侯乙墓发现后，举世震惊。此后的四十多年中，地不爱宝，华章重现，曾国考古不断取得新进展。在考古工作者的不懈努力之下，丰富而精美的出土文物，证明曾国是西周早期周王室分封至江汉地区的重要诸侯国，始祖为"南公"，可与齐、晋、鲁等大国并列于《史记》中的"世家"，与文献中的"随国"为一国两名。

　　曾国立国七百余年，经历了从王室藩屏到楚国盟友的转变过程，有着深厚的礼乐文明积淀，是先秦时期长江中游地区文化发展和融合的见证。为全面反映曾国考古的成果，我们举办了"华章重现——曾世家文物特展"，精选了叶家山、苏家垄、文峰塔等重要曾国遗址出土青铜器，以反映西周早期到战国中期的曾国青铜文化面貌。

　　"华章重现——曾世家文物特展"是湖北疫后重振的第一个大型文物展览，是湖北在常态化疫情防控形势下，全面有序恢复生产生活秩序的体现。展览得到了湖北省委省政府、中华人民共和国文化和旅游部、国家文物局的关心指导。文化和旅游部胡和平部长在湖北调研期间参观了展览。国家文物局局长刘玉珠和湖北省委常委、宣传部部长许正中、湖北省副省长张文兵等领导同志莅临了开幕式。

　　国家文物局高度重视湖北文物工作。2020年新冠肺炎疫情发生后，国家文物局号召全国文物系统捐赠物资、对接帮扶，与湖北文博单位同舟共济、共克时艰。在中央出台支持湖北发展政策后，国家文物局率先落实，就支持湖北疫后加快文物博物馆事业发展提出多项政策措施。2019年从日本成功追索回国的曾伯克父青铜组器参加此次展览，正是国家文物局全力支持湖北文物工作的重要举措。这既为展览的高水平举办给予了有力支撑，也使海内外观众更加广泛关注流失海外文物追索，为以后更多的成功追索凝聚更多社会共识。

　　为保证展览的学术性、观赏性，中国国家博物馆、上海博物馆、河南博物院、重庆中国三峡博物馆、山西博物院、旅顺博物馆、广州博物馆、扶风县博物馆、随州市博物馆、襄阳市博物馆等十余家兄弟馆慷慨借展馆藏文物。在此，我代表湖北省博物馆、湖北省文物考古研究所，向所有关心此次展览、为展览付出辛勤劳动的领导、同仁和社会各界人士表示衷心的感谢！

湖北省博物馆馆长
湖北省文物考古研究所所长

2020年9月10日

曾世家考释

万勤

湖北省博物馆

湖北省文物考古研究所

曾国的历史几乎完全由近四十多年来的考古工作所揭示。目前通过考古发掘所见的曾侯达 15 位[1]，这在周代考古中绝无仅有，对诸侯国的国别史研究也大有裨益。曾侯世系可以从曾国建国之初的西周早期一直延续至灭国之战的战国中晚期，可以说挖出了一部"曾世家"。笔者曾于 2018 年前对曾侯世系进行了排序[2]，2019 年发掘出土的曾公畔、曾侯宝墓[3]出土了大量涉及曾国世系的铭文[4]，因此再辨析曾侯编年十分必要。

叶家山出土的西周早期三位诸侯，虽然有不同意见[5]，但依青铜器早晚风格及墓地布局，曾侯谏、白生、曾侯犺三者从早到晚顺序排列应是恰当的[6]。谁是曾国第一任国君，因对曾公 编钟铭文、嫡加编钟铭文、曾侯與编钟铭文的不同解读，以及叶家山墓地曾侯排序争议，仍存在不同看法。曾公 编钟铭文"昔在辝丕显高祖，克仇匹周之文武"，"皇祖建于南土，蔽蔡南门，质应京社，适于汉东"[7]，可见"高祖"当是受命，并非"建于南土"；曾侯與编钟铭文"伯括上庸，左右文武，达殷之命，抚定天下。王遣命南公，营宅汭土，君此淮夷，临有江夏"[8]，乃知"伯括"是受命，"南公"方才就封而"营宅汭土"；嫡加编钟铭文"伯括受命，帅禹之堵"[9]，也是谈到"伯括"受命，由此，"伯括""高祖"

应为一人，即南宫括，参照周公受命、伯禽就封，召公受命、克就封的惯例，南宫括当是如周公、召公一样并未到曾地就封，而是其子到曾地当侯。结合叶家山墓地曾侯的分布，第一任曾侯为曾侯谏，即铭文中称其为"南公"者，是曾国的始封之君。如此，曾侯犺是曾侯谏之子，在 M111 中发现的"犺作烈考南公"铭文铜簋就是曾侯犺为其父曾侯谏作簋。而白生可能是曾侯犺的兄弟，但或许由于在位时间短，本人没有来得及铸造当诸侯之后自作的如"曾侯白生"之类的青铜器，未发掘出土此类青铜器也侧面证明其在位时间短暂；M28 白生墓出土有曾侯谏为其妻子制作的器物，白生为曾侯谏之子，则白生随葬母亲的器物是恰当的；反之，白生若是曾侯谏的兄弟，随葬其兄弟夫人的器物则不合情理[10]；此外，白生之"白"即"伯"[11]，与曾伯克父等铭文一样[12]，其当为曾侯谏的大儿子，曾侯犺为其弟。可见，把曾侯與编钟铭文、曾公求编钟铭文、嫡加编钟铭文互相对应，就可知曾公求编钟铭文中的高祖就是伯括，与嫡加编钟、曾侯與编钟铭文的伯括为同一人，而曾侯與编钟铭文"王遣命南公"之南公，是就封于曾地的第一任诸侯，对应为叶家山墓地 M65 主人的曾侯谏，亦是 M111 主人曾侯犺的父亲"烈考南公"。

叶家山之后的曾国西周中晚期曾侯墓葬遗存目前尚未发现，笔者推测当时曾国或向西迁至汉水一带[13]，有待今后考古证实。两周之际的郭家庙墓地[14]及忠义寨城址的发现[15]，揭示了三位曾侯。除曾伯陭、曾侯绊白两位曾侯外，郭家庙墓地 M60 的墓主根据墓葬规格也应是曾侯无疑，只是因墓葬被盗未有铭文而不知其名。曾有学人对郭家庙墓地是否为曾侯级别表示异议，但是曹门湾 M1 规格之高、规模之大，还拥有布局规整的大型车马坑，曹门湾 M1 附葬的车马坑是迄今为止所发现最大的曾国车马坑[16]，加之忠义寨城址等的发现，都证实曾国当时应以此作为都城，且曾侯亦葬于此。苏家垄墓地是郭家庙墓地之后的曾国公墓地，墓地中出现了曾太师、曾太祝、曾太保等高规格墓葬，曾伯桼是苏家垄墓地中的最后一位国君[17]。苏家垄墓地 M1 墓主为曾侯仲子斿父，因发现与其配套的车马坑，进一步证实其墓葬规格之高；另外，其未当曾侯之前所作之器为"曾子斿"[18]，如不是为了表明曾侯身份，无须用曾侯仲子斿父这么拗口的称谓，退一步说，众多曾侯子女，仅见此一例如此表述也着实费解。

随州枣树林墓地、汉东东路墓地都属于义地岗墓群的组成部分，出土的青铜器铭文揭示了曾公畎、曾侯宝、曾侯得三位曾侯，加上此前已知的曾侯邸、曾侯舆，以及战国中期的曾侯丙，目前义地岗墓群已经发掘了 6 位曾侯。曾公畎、曾侯宝、曾侯得三位曾侯早晚相继，曾公畎的时代定在公元前 646 年前后[19]；曾侯邸、曾侯舆则是与曾侯乙前后相继的曾侯[20]，曾侯乙定为公元前 433 年之后；曾侯丙晚于曾侯乙，为战国中期的一位曾侯。擂鼓墩墓群发掘了曾侯乙墓和擂鼓墩 2 号墓，其中擂鼓墩 2 号墓随葬品中由于未发现兵器，或为女性墓，而时代与曾侯乙相当，推测是曾侯乙夫人墓。除此以外，擂鼓墩墓群还有擂鼓墩土冢、王家湾土冢、王家包 M1 和蔡家包 M14 四个未发掘的曾侯级别墓葬。

曾国自周成王（公元前 1042 年即位）立国，至公元前 278 年秦破楚都城郢后东迁灭国，历 760 余年[21]，目前确认或发现线索的曾侯有二十余位，按平均二十年一代，参考立国八百余年的楚国国君有 46 位（附表二）[22]，那么曾国大约存在过四十位左右的国君，因此约有一半仍然未知。不过值得庆幸的是，在立国之初的西周早期、变革的春秋时期以及灭国之战国中期这些关键时间节点均有相对应的曾侯被发现，大致可以构建出曾国历史体系。考古书写出一部曾世家，这也可算作考古史和国别史研究上的一段佳话了。

附表一：曾侯世系编年

	时 代	备 注
伯括	西周早期	曾公求编钟铭文之"高祖"，媵加编钟铭文"伯括受命"之伯括。与周公、召公一样，并未实际就封于曾地任曾侯
曾侯谏	西周早期	随州叶家山 M65 墓主。曾侯與编钟铭文"王遣命南公"之南公，M111 主人曾侯犺的父亲"烈考南公"
白生（叶家山 M28 墓主）	西周早期	随州叶家山 M28 为曾侯墓无疑。"白生"为其私名，从冯时说
曾侯犺	西周早期	随州叶家山 M111 墓主
郭家庙 M60 墓主	两周之际	岩坑墓
曾伯陭	两周之际	枣阳郭家庙 M21 墓主
曾侯绛伯	两周之际	枣阳郭家庙曹门湾 M1 墓主
曾侯仲子斿父	春秋早期	京山苏家垄 M1 墓主
曾伯霖	春秋早期	京山苏家垄 M79 墓主，夫人为嬭克。陈介祺旧藏曾伯霖簠现藏于国家博物馆
曾公畉	春秋中期	随州枣树林墓地 M190，公元前 646 年前后；夫人为嬭渔。1979 年随州季氏梁春秋墓地出土季怠铜戈有"穆侯之子，西宫之孙"铭文，曾穆侯可能为其谥号
曾侯宝	春秋中期	随州枣树林墓地 M168，夫人为嬭加
曾侯得	春秋中晚期	随州汉东东路墓地 M129 墓主
曾侯昃	春秋中晚期	曾侯昃戈出土于襄阳梁家老坟楚国墓地 M11。其墓葬尚未发现
曾侯郲	春秋晚期	文峰塔 M4 即曾侯郲墓。曾侯郲鼎出土于随州东风油库墓地 M3，并见于曾侯乙墓出土铜戈铭文
曾侯與	春秋晚期	随州文峰塔 M1 墓主，并见于曾侯乙墓出土铜戈铭文
曾侯乙	战国早期	随州擂鼓墩 M1 墓主。擂鼓墩 M2 可能为夫人墓
曾侯丙	战国中期	随州文峰塔 M18 墓主

　　附记：擂鼓墩土冢、王家湾土冢、王家包M1、蔡家包M14四个未发掘的曾侯级别墓葬，时代当排在曾侯丙之前。如是，共计20位曾侯。

附表二：楚国国君世系表

名	在位时间（公元前）	备 注
鬻熊		
熊丽		
熊狂		
熊绎		周成王封为诸侯
熊艾		名或作"熊乂""熊只"
熊䵣		
熊胜		
熊杨		名或作"熊锡""熊炀"
熊渠		

（续表）

	名	在位时间（公元前）	备 注
	熊挚红		名或作"熊挚"
	熊延		
	熊勇	847 ~ 838	
	熊严	837 ~ 828	
	熊霜	827 ~ 822	
	熊徇	821 ~ 800	
	熊咢	799 ~ 791	
若敖	熊仪	790 ~ 764	
霄敖	熊坎	763 ~ 758	
蚡冒	熊眴	757 ~ 741	谥或作"厉王"
武王	熊通	740 ~ 690	前704年，自立为王，楚始称王
文王	熊赀	689 ~ 677	
庄敖	熊囏	676 ~ 672	谥或作"杜敖""堵敖"
成王	熊恽	671 ~ 626	
穆王	熊商臣	625 ~ 614	
庄王	熊侣	613 ~ 591	名或作"旅"，春秋五霸之一
共王	熊审	590 ~ 560	
康王	熊招	559 ~ 545	
郏敖	熊员	544 ~ 541	
灵王	熊围	540 ~ 529	原名"围"，即位后改名"虔"
平王	熊居	528 ~ 516	原名"弃疾"，即位后改名"居"
昭王	熊珍	515 ~ 489	
惠王	熊章	488 ~ 432	谥或作"献惠王"
简王	熊中	431 ~ 408	谥或作"柬大王"
声王	熊当	407 ~ 402	谥或作"声桓王"
悼王	熊疑	401 ~ 381	
肃王	熊臧	380 ~ 370	
宣王	熊良夫	369 ~ 340	
威王	熊商	339 ~ 329	
怀王	熊槐	328 ~ 299	或名"相"，前299年被秦扣押，3年后死在秦国
顷襄王	熊横	298 ~ 263	
考烈王	熊元	262 ~ 238	或名"完"
幽王	熊悍	237 ~ 228	
哀王	熊犹	228	
	熊负刍	227 ~ 223	前223年，秦灭楚

注释:

[1] 方勤:《曾国历史与文化——从"左右文武"到"左右楚王"》,上海古籍出版社,2019年,第129页;湖北省文物考古研究所等:《湖北随州枣树林墓地2019年发掘收获》,《江汉考古》2019年第3期。

[2] 方勤:《曾国历史与文化——从"左右文武"到"左右楚王"》,上海古籍出版社,2019年,第129页;方勤:《曾侯编年考》,湖北省文物考古研究所编《曾国考古发现与研究》,科学出版社,2018年。

[3] 湖北省文物考古研究所等:《湖北随州枣树林墓地2019年发掘收获》,《江汉考古》2019年第3期。

[4] 郭长江等:《嬭加编钟编钟铭文的初步释读》,《江汉考古》2019年第3期;郭长江等:《曾公求编钟铭文初步释读》,《江汉考古》2020年第1期。

[5] 韩宇娇:《试论叶家山墓地三代曾侯关系》,湖北省文物考古研究所编:《曾国考古发现与研究》,科学出版社,2018年。

[6] 朱凤瀚:《叶家山曾国墓地大墓之墓主人身份与曾侯舆钟铭》,湖北省文物考古研究所编:《曾国考古发现与研究》,科学出版社,2018年;方勤:《曾侯编年考》,湖北省文物考古研究所编:《曾国考古发现与研究》,科学出版社,2018年。

[7] 郭长江等:《曾公求编钟铭文初步释读》,《江汉考古》2020年第1期。

[8] 湖北省文物考古研究所等:《随州文峰塔M1(曾侯舆墓)、M2发掘简报》,《江汉考古》2014年第4期。

[9] 郭长江等:《嬭加编钟编钟铭文的初步释读》,《江汉考古》2019年第3期。

[10] 朱凤瀚:《叶家山曾国墓地大墓之墓主人身份与曾侯舆钟铭》,湖北省文物考古研究所编:《曾国考古发现与研究》,科学出版社,2018年。

[11] 方勤:《浅议回归的曾伯克父青铜器》,《文物》2020年第9期。

[12] 方勤:《曾国历史与文化——从"左右文武"到"左右楚王"》,上海古籍出版社,2019年,第38页。

[13] 方勤:曾国历史与文化——从"左右文武"到"左右楚王"》,上海古籍出版社,2019年,第98页。

[14] 襄樊市考古队等:《枣阳郭家庙曾国墓地》,科学出版社,2005年。

[15] 方勤:《郭家庙曾国墓地的性质》,《江汉考古》2016年第5期;方勤:《曾国历史与文化——从"左右文武"到"左右楚王"》,上海古籍出版社,2019年,第53页。

[16] 方勤、胡刚:《枣阳郭家庙曾国墓地曹门湾墓区考古主要收获》,《江汉考古》2015年第3期。

[17] 方勤:《曾国历史与文化——从"左右文武"到"左右楚王"》,上海古籍出版社,2019年,第100~105页。

[18] 李学勤:《曾国之谜》,《新出青铜器研究》,文物出版社,1990年。

[19] 郭长江等:《曾公求编钟铭文初步释读》,《江汉考古》2020年第1期。

[20] 此前一般认为曾侯舆早于曾侯郎。根据最近考古勘探,文峰塔M4位于M1之北,按照墓葬分布规律,M4墓主应早于M1墓主曾侯舆。笔者考证M4墓主即曾侯郎,因此春秋晚期至战国早期的曾侯序列应为曾侯郎、曾侯舆、曾侯乙。参见刘彬徽:《楚系青铜器研究》,湖北教育出版社,1995年,第76页;张昌平:《曾侯乙、曾侯遱和曾侯郎》,《江汉考古》2009年第1期;方勤:《随州文峰塔M4墓主人为曾侯郎小考》,湖北省文物考古研究所编:《曾国考古发现与研究》,科学出版社,2018年。

[21] 方勤:《曾国历史与文化——从"左右文武"到"左右楚王"》,上海古籍出版社,2019年,第129页。

[22] 湖北省博物馆、香港中文大学:《有凤来仪——湖北出土曾楚玉器》,香港中文大学文物馆,2018年。

叶家山M126出土青铜器铭文简释

凡国栋
湖北省文物考古研究所

　　随州叶家山 M126 位于墓地东南部，距离 M111（曾侯犺墓）约 30 米，为一座中型土坑竖穴墓。"华章重现——曾世家文物特展"展出了该墓随葬的全部青铜器，包括鼎 1、尊 2、卣 3、爵 4、觯 1 等，本文介绍其中的祖己鼎、麻于尊、麻于卣等铭文青铜器，以方便读者观展。不当之处，请方家指正。

一、祖己鼎

　　祖己鼎（M126：17）铭文记载周王对祖己的三次赏赐，内容非常重要（图一）。遗憾的是铭文残泐太甚，不太容易辨别。笔者对照实

物，反复观摩多次，方才勉强辨识出部分文字。现根据我的理解，将释文隶定如下，并作简要说明。

　　丁亥，王易（锡）且（祖）己□（柜？）邕觼（觯），易（锡）彤弓，易（锡）贝五朋，用乍（作）父乙尊彝。举。

　　祖己，写在"易"字下面，占一个字的位置，从残存的笔画来看，左边为"且（祖）"，右边为"己"，似是"祖己"合文，结合同墓所出祖己爵（表一）铭文，则不难识别。

　　"祖己"下可容一字或两字，最下的笔画似"口"形，或近似"邕"字的下部，其上的

图一　祖己鼎

表一　祖己爵

| M126：16 | M126：15 |

表二 齍、畱、廬

A1	A2	A3	B1	B2	C1	C2
祖己鼎	亢鼎	季遽父尊	畱姜鼎	畱伯簋	番生簋	利簋

笔画模糊难辨。我们有两种考虑:第一,考虑将上下两个部分视为一字,释为"昏"字,读为"括"。第二,释为金文中习见的"秬鬯"二字。秬为黑黍,秬鬯是以黑黍和郁金香草酿造的酒,用于祭祀降神及赏赐有功的诸侯。结合下文来看,第二种意见更为可靠。

第二行第一字(表二,A1)比较模糊,上从向,下鬯从虫,与亢鼎、季遽父尊的A2、A3接近[1],差别在于虫、鬯的位置左右有别。据字形分析,A字应是一个从鬯、畱声的字。畱作为偏旁还见于畱姜鼎、番生簋、利簋(《金文编》第875、463页),郭沫若在考释番生簋时指出C1即"廬",若游字,从广,畱声或蟺省声[2]。亢鼎与祖己鼎铭文中,二者语法位置相同,应该是一个字的不同写法。

关于亢鼎的A2字,学界讨论比较充分,可以作为我们释读本铭文的参考。马承源认为A2从鬯,也当是和鬯之类,是酒名。黄锡全认为A2与A3是一字,亢鼎中用作鬯酒的量词,读作"坛"。李学勤先生以为A2即《说文》训为"小卮"的"觛",说"鬯觛"是盛鬯的小卮,觛乃是赏赐之物。董珊先生同意黄锡全将A2视作量词的观点,但把此字读为"觯"。章水根先生梳理各家观点后指出,从文义来看,A2应是鬯酒的量词。从读音来看,"坛"或"觛"与A2的关系比"觯"与A2更密切。但量词"壇(或罈)"出现的时间是很晚的,因此主张读"觛"为好,"鬯觛"即"鬯一觛"[3]。

今按,觛在金文中并不常见,器形作什么

样子也说不清楚。我们认为董珊先生读为觯比较合理,可从。金文中"秬鬯"后常见的量词是"卣",卣本指盛鬯之物,当用来说明"鬯"的多少时,已由普通名词转化为物量词。本篇铭文"秬鬯觯"相当于习见的"秬鬯一卣",唯有量词不同,二者可以合观。

接下来第二次赏赐的物品。该字同样比较模糊,一种考虑是将其释为"虱",金文中常见(图二,《西周金文字形表》第111页)。

此种释读的问题在于,金文中的"虱"字除用作地名外,一般多释为"献"或训为与献相关之义[4]。李学勤先生在讨论"歸虱进"器的时候指出"虱"是爵名或职名[5]。朱凤瀚先生则认为"虱"只是部分商人亲族内对族长(宗子)

虱			
歸虱进壶 09594.2	虱父丁簋 03905	虱方鼎 02702	寡史虱甗 00888
歸虱进壶 09595.1	延作父辛角 09099	歸虱方鼎 02725	歸虱甗 00920
		史墙盘 10175	段簋 04208
			縣妃簋 04269

图二

的一种称谓，也可用为自称，与称"子"并行。进入西周后，在部分商遗民宗族内仍较长时段内保留有称族长为"娥"的习惯[6]。似乎无法作为赏赐物品。因此我们更倾向于另一种释读，即是释作"彤弓"，可以参考"应侯视工钟""伯晨鼎"中"彤弓"的写法（表三）。伯晨鼎铭文中的"彤弓彤矢"原误释为"弓三矢二"，孙治让在《古籀拾遗》中指出弓旁的"彡"并非"三"字，而是"彡"，"矢字旁亦当为彡，作彡者，文有剥落耳"，他论述该字云[7]：

彡非三字，乃彡字，⿱⿰人人大即"彤弓""彤矢"也。《说文·彡部》云："彡，毛饰画文也。"又《丹部》云："彤，弓饰也，从丹从彡，彡其画也。"此本云彤弓、彤矢偶省其文，遂误彡于弓矢之旁，以别于下之旅弓、旅矢也。《书·文侯之命》载平王赐晋文侯"彤弓一、彤矢百、旅弓一、旅矢百"，僖二十八年《左传》载襄王赐晋文公"彤弓一、彤矢百、旅弓矢千"。此所锡正与彼同。

彤弓、彤矢指的是赤色（或朱色）的弓矢。《诗·小雅·彤弓》毛《序》："《彤弓》，天子赐有功诸侯也。"李学勤先生在论述山东高青陈庄出土"引簋"铭文时候指出"彤弓、彤矢是合文，这个地位很高，相当于诸侯一级，文献中晋文公也不过如此。"[8]王治国先生研究指出金文中赏赐的普通弓矢不具有命器性质，而金文中的彤弓、彤矢却多被赐予诸侯，这恰与文献所载相符。他指出：[9]

《荀子·大略》："天子雕弓、诸侯彤弓、大夫黑弓，礼也。"《公羊传》定公四年："挟弓而去楚。"何休注："礼：天子雕弓、诸侯彤弓、大夫婴弓、士卢弓。"二者皆言彤弓具有象征诸侯身份的作用，今以金文验之，仅有最新发现的引簋铭文与之略有不符，但器主引受周王命"羁司齐师"，其身份似不低于齐侯，或者器主被周王授以军事方面的特权。总之，由西周金文和相关文献记载来看，普通的弓矢之赐，并不具备锡命意义，只有彤弓彤矢，才具彰显身份的作用。

李裕杓先生也注意到铜器铭文中少见彤弓和彤矢的赏赐，并总结出其使用场合包括两种，即对战功的赏赐和对封侯的赏赐[10]。

第三次赏赐的物品是"贝五朋"，金文常见，此不赘述。

父乙，用日名，乃该器祭祀的对象。

铭文最后的"⿱⿰人人大""举"均为族氏铭文。其中⿱⿰人人大字释读意见不一，李学勤先生隶定作"棘"[11]，台湾史语所主办的殷周金文暨青铜器资料库隶定作"棗"，严志斌《商金文编》入附录[12]。今按，铭文此处文字不是特别清晰，根据残存的笔画释出。目前青铜器中同样写法只有三例（参见表四中的 A 类写法）。其中有两例均与"举"族相关。窭丯乍父癸卣（《集成》05360）铭文"亚⿱⿰人人大"位于铭文开始位置，而"举"位于铭文末尾。朱凤瀚先生用族氏分化的理论加以解释，认为"⿱⿰人人大"为"举"族的分支[13]。妇婗作母癸罍（《近出二编》889）铭文中"⿱⿰人人大"也在"举"的前面，李学勤先生指出

表三　彤弓、彤矢

彤弓	彤矢	彤弓	彤矢	彤

《集成》00107 "应侯视工钟"	《集成》00107 "应侯视工钟"	《集成》02816 "伯晨鼎"	《集成》02816 "伯晨鼎"	《集成》04320 "宜侯夨簋"

表四　商周族氏銘文中的“丯”族

寂豊乍父癸卣（《集成》05360）	無夒作父丁卣（《集成》05309）	妇娅作母癸罍（《近出二编》889）

此器可与寂豊乍父癸卣系联，“丯”为“举”族的分支[14]。本铭文也是同样的情形，可证丯与举的关系确有可能如朱凤瀚、李学勤所言。从字形看，丯与“朿”字比较接近[15]，或许是同一族氏。湖北京山苏家垄出土的西周晚期鼄乎簋（集成 04157）仍然带有“朿”字族徽，可能正是丯族的孑遗。

祖己鼎通篇只有 25 字（含合文 3 个），内容也不难理解。通过上面的梳理，我们可以将铭文大意用现代汉语作如下表述：

丁亥这一天，王赏赐祖己用黑黍和郁金香草酿造的酒一觯，赐给他朱红色的弓，赐给他五朋贝币，用来作父乙的祭器。

据铭文记载，王连续三次对“祖己”施以赏赐，但未交待赏赐的原因，譬如任命其某职事或表彰其功绩等。细绎文义，作器者当是“祖己”的后代，所以才会在铭文中以“祖己”来称呼被赏赐者[16]。王对祖己的赏赐物规格非常高，若“祖己”二字下可释为“括”，则使我们有理由怀疑“祖己括”可能即曾侯与、芈加、曾公求等编钟铭文所见的“伯括”，为曾国的始祖“南公括”。其实我们若将其与叶家山墓地 M111 曾侯犺墓曾侯方鼎（M111：85）铭文作“曾侯作父乙宝尊彝”联系起来，就不难理解二者之间的这层关系[17]。从叶家山墓地布局来看，M126 墓主人可能与 M111 的墓主人曾侯犺应为兄弟关系，犺为大宗，M126 墓主为小宗。奇怪的是铭文末尾出现了复合族徽铭文。据族徽，作器者当来自“举”族的分支“丯”，如果该鼎的作器者为 M126 墓主的话，族徽可能提示墓主人母族的来源。

二、麻于尊、麻于卣

麻于尊（M126：7）、麻于卣（M126：10）均出土于 M126，原是一对组合，装饰风格相同、铭文相同（图三、图四）。湖北省博物馆文保中心的李玲研究员在该器物的修复报告中对铭文有初步的隶定和解释，不过存在一些问题[18]。今重新隶定释文如下：

麻邘（于）肈（肇）畜馬、彀（穀），𪗉（齋）。用乍（作）父戊寶彝。廌冊。

麻于，人名。

肈，从戈作，即肇字，开始、创始之意。《书·舜典》：“肇十有二州。”孔《传》：“肇，始也。”《楚辞·离骚》：“皇览揆余初度兮，肇锡余以嘉名。”王逸《注》：“肇，始也。”

畜马彀，当作一句读作“畜马、彀”。

彀，殷墟卜辞习见，多用为贞人名。唐兰先生在《殷墟文字記》中指出该字用作贞人之外，在“五彀”之类的辞例中读作“五穀”，后来在《天壤阁甲骨文存考释》根据卜辞辞例中“㱿”常与羊、犬并列作为牲，将该字改读为“㲉”，指小猪[19]。

今按，唐兰先生提出的两说在这里其实都有成立的可能。“畜马、彀”也有两种不同的读法：第一种读法，将彀读为“㲉”，指小猪。因此“畜马、㲉”的意思就是饲养马和猪；第二种读法，将彀读为五穀之穀，指代穀物。这样畜可读为蓄，积聚、贮藏之义。"畜马、穀"的意思就是储积马匹和谷物。我们更倾向于后一种看法。

儥，從亻從齋，读作齎，赏赐义。类似的文例见于五年师旋簋、麦方尊、晋侯苏钟。吴红松先生已经指出晋侯苏编钟中"赐""儥"二词并举，以及典籍中"儥"可读为表示赏赐义的"齎"这两种情况来看，"儥"表示赏赐之义甚明[20]。文中还指出：

赏赐类铭文中，"儥"分别见于西周早期的麦方尊、西周中期的五年师旋簋和西周晚期的晋侯苏钟。可以看出，"儥"字的使用贯穿整个西周时期。值得注意的是，从赏赐行为的次数上看，晋侯苏钟为两次，而麦方尊已达到四次之多。其中，前者的"儥"用于第二次赏赐行为，后者用于第三次赏赐行为。从赏赐原因上看，晋侯苏和师旋均因讨伐之功而被赐；麦方尊中是麦参加王举行的射礼活动而得到的赏赐。需要指出的是，五年师旋簋中尽管没有这种重复赏赐行为的记载，但由师旋所受的诸物品可知其地位亦不会太低。由此，我们似乎可以作这样的推断：一、表示赏赐义的"儥"，多用于载有重复赐物行为的铭辞。二、在用"儥"的铭辞中，所言受赐者的地位都比较高，且战功显赫。

今按，五年师旋簋、麦方尊、晋侯苏钟铭文记载的赏赐都是周王对臣子的赏赐，本铭不同之处在于赏赐主体没有交待。

父戊，用日名，为该器祭祀的对象，也见于同墓所出另外两个爵（表五）。

庚册，族氏铭文。据曹淑琴先生研究，庚族铜器达 69 件，其中 20 件有出土地点，多数与"册"组成复合族徽铭文[21]。

铭文的大意应该是，麻于开始储积马和谷物，得到赏赐，用来制作祭祀父戊的祭器。铭文虽然简略，但是信息非常重要。

铭文只是简单的说麻于"畜马、穀"，不

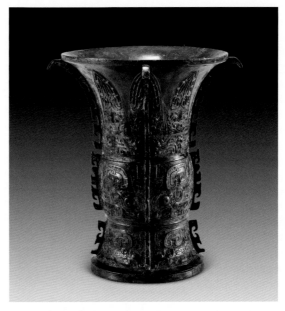

图三　麻于尊

图四　麻于卣

过马匹和谷物均为重要战备物资，其官职很可能与军事相关。我们知道，在冷兵器时代军事装备主要在于车马器的生产与马匹资源，前者属于铸铜产业，后者与马政相关。从金文来看，马在西周社会是深受重视的，周王亲自参与的"执驹"礼便是有力的证明（《集

表五　父戊爵

M126：1　　　　M126：6

成》6011"盠驹尊"）。与盠驹尊同出的铜器（1955年陕西眉县李家村窖藏出土）中还有两件方彝和一件方尊，其中盠方彝铭文（《集成》9899—9900）记载周王命盠统管"六师眔八师埶（艺）"，于省吾先生指出"艺"指谷类为言，训为种植，认为盠方彝是说王令盠掌管六师及八师的谷类种艺之事[22]。另外南宫柳鼎（《集成》2805）记载王令作册尹册命南宫柳，令其"司六师牧场、大（虞），司羲夷场佃事"。上述铭文可见位于西周畿内的六师存在牧场、山林水泽、田地，并有官员负责相关事务，具有"兵农合一"的特征[23]。结合上述铭文来看，麻于"肇畜马、穀"恐怕也不是巧合，其执掌也可能与盠的执掌近似，显示曾国的军队也存在类似周六师的机构。

小　结

　　M126出土青铜器从来源上看，具有多元的特征。其中祖己鼎内容虽然重要，但是透过这篇铭文，无法得知作器者是谁，同墓所出青铜器包括两对尊卣组合，其中一对组合为麻于尊和麻于卣，另一对组合为戈父尊

（M126：18）和两件木漆卣，从铭文来看，这一尊二卣是拼凑起来的。从铭文提示的信息来看，麻于尊和麻于卣中，他作器祭祀的对象是父戊，配套的还有一对父戊爵。结合铭文末尾的族徽来看，麻于极有可能也是"祖己鼎"的作器者，配套的器物另有一对祖己爵，这样看来，M126的多数器物都与麻于有关，因此M126的墓主人极有可能即是麻于。

　　叶家山墓地的年代，学者基本认同在西周早期，最早为武王、成王时期，最晚不晚于昭王，而以成王、康王时期为主[24]。三座曾侯墓葬M65、M28、M111由北向南纵向排列，占据叶家山岗地的至高位置，构成墓地的核心。M111的年代，已进入昭王时期[25]，从M126铭文显示的信息来看，墓主人生存年代大致与M111同时，大致也属于昭王时期。

　　附记：本文为国家社科基金重大项目"随州叶家山西周墓发掘报告"（项目批准号14ZDB051）阶段性成果。小文写作过程中曾得到张昌平、李春桃先生指教，谨此致谢！

　　看校样时发现两处问题可作补充：一是白于蓝先生《释凤》（收入氏著《拾遗录——出土文献研究》，科学出版社，2017年，第232～251页）一文将甲骨文和金文中的该字改释为"宾服"之"宾"。二是检索到黄锡全先生《湖北出土商周文字辑证（增补本）》（武汉大学出版社，2019年，第875～877页）已经著录了M126出土的麻于尊，释文系参考黄锦前《叶家山M126所出麻于尊及相关问题》（2016年11月，未刊稿）一文写成。黄先生对该尊铭文释读与笔者一致，但是在铭文断读和理解上与笔者有所不同，请读者参看。闭门造车，出则合辙，乃常有之事，正文失引则是笔者之疏失，谨志于此，请白、黄诸先生以及广大读者见谅。

注释:

[1] 马承源：《夨鼎铭文—西周早期用贝币交易玉器的记录》，《上海博物馆集刊》第 8 期，上海书画出版社，2000 年，第 120～123 页。

[2] 郭沫若：《两周金文辞大系》，科学出版社，2002年，第 133 页。

[3] 黄锡全：《西周货币史料的重要发现—夨鼎铭文的再研究》，中国钱币学会编：《中国钱币论文集（第四辑）》，中国金融出版社，2002 年，第 56 页。李学勤：《夨鼎赐品试说》，《南开学报》（哲学社会科学版）2001 年增刊；董珊：《任鼎新探—兼说夨鼎》，陕西师范大学、宝鸡青铜器博物馆主办：《黄盛璋先生八秩华诞纪念文集》，中国教育文化出版社，2005 年，第 166～170 页；章水根：《夨鼎中的"郁"》，华东师范大学中国文字研究与应用中心、华东师范大学语言文字工作委员会编：《中国文字研究》第 21 辑，上海书店出版社，2015 年。

[4] 麻爱民：《墙盘补释》，《考古与文物》，2003 年第 06 期。

[5] 李学勤：《殷商至周初的𢂂与𢂂臣》，《殷都学刊》2008 年第 3 期。

[6] 朱凤瀚：《也论商与西周青铜器铭文中的"𢂂"》，《出土文献》2020 年第 3 期。

[7] 孙诒让：《古籀拾遗》（下），《续修四库全书·经部·小学类》第 243 册，第 569 页，上海古籍出版社，2002 年。

[8] 李学勤等：《山东高青县陈庄西周遗址笔谈》，《考古》2011 年第 2 期。

[9] 王治国：《金文所见西周王朝官制研究》，北京大学博士学位论文，2013 年，第 48 页，指导教师：朱凤瀚。

[10] 李裕杓：《西周王朝军事领导机制研究》，上海古籍出版社，2018 年，第 210 页。

[11] 李学勤：《〈中日欧美澳组所见所拓所摹金文汇编〉选释》，《新出青铜器研究》，人民美术出版社，2014 年，第 253～254 页。

[12] 严志斌：《商金文编》，中国社会科学出版社，第 529 页。

[13] 朱凤瀚：《商周青铜器铭文中的复合氏名》，《南开学报（哲学社会科学版）》1983 年第 3 期，第 62 页。

[14] 李学勤：《〈中日欧美澳组所见所拓所摹金文汇编〉选释》，《新出青铜器研究》，人民美术出版社，2014 年，第 253～254 页。

[15] "束"字在甲骨文和商代青铜中的写法参见刘钊主编《新甲骨文编》（增订本）（福建人民出版社，2014 年，第 423～424 页）和严志斌《商金文编》（中国社会科学出版社，第 178 页）。曹大志对甲骨文的束字形体做有分析，可参考曹大志《甲骨文中的束字与商代财政》，《中国国家博物馆馆刊》2016 年第 11 期。

[16] 册命铭文中被赐者的称呼一般采用"私名"或者"官职＋私名"的格式。该铭文中"祖己括"的连用比较怪，正常情况下似乎不大可能直接称呼自己祖先的名字。整篇铭文若说是因为祖己被赏赐，而由其孙做器，祭祀对象又是父乙，这与常见铭文不同。加之铭文不是太清晰，这种称呼在此如何理解尚有待进一步考证。

[17] M1 出土师圆鼎（M1：09）铭文作"师作父乙宝尊彝"，M2 出土刅（荆）子鼎（M2：2）铭文云"作文母乙尊彝"，此文母乙应该是父乙的配偶。此外，与南公家族有密切关系的"中"（如中觯（《集成》6514）作父乙宝尊彝），也是"父乙"作器。

[18] 李玲、卫扬波：《湖北叶家山西周早期墓葬出土青铜尊 M126：7 价值揭示与保护修复》，湖北省文物考古研究所编：《曾国考古发现与研究》，科学出版社，2019 年，第 411～420 页。

[19] 李圃主编：《古文字诂林》，第三册，上海教育

出版社，1999年，第547～548页。

[20] 吴红松：《西周金文赏赐物品及其相关问题研究》，安徽大学博士学位论文，2006年，第183页，指导教师：何琳仪。

[21] 曹淑琴：《庚国（族）铜器初探》，《中原文物》1994年第3期，第29～41页。

[22] 于省吾：《略论西周金文中的"六𠂤"和"八𠂤"及其屯田制》，《考古》1964年第3期。

[23] 李裕杓：《西周王朝军事领导机制研究》，上海古籍出版社，2018年，第138页。周博：《试论西周王畿地区的军事装备能力》，《长江文明》2020年第2期。

[24] 李学勤等：《湖北随州叶家山西周墓地笔谈》，《文物》2011年第11期；张昌平：《叶家山墓地研究》，湖北省博物馆、湖北省文物考古研究所、随州市博物馆：《随州叶家山：西周早期曾国墓地》，文物出版社，2013年，第270～284页。

[25] 湖北省文物考古研究所、随州市博物馆：《湖北随州叶家山M111发掘简报》，《江汉考古》2020年第2期。

介绍一件国家博物馆藏的楚王酓章钟

黄一
中国国家博物馆

在近来国家博物馆的文物定级工作中，我们注意到一件收藏已久的楚王酓章钟。恰逢此期我们也在配合湖北省博物馆筹备举办"华章重现——曾世家文物特展"，故借此机会对这件藏品略作介绍。

一、形制与流传

该钟为合瓦形长枚甬钟（图一、二）。甬为圆柱形，衡部封口，其底部与钟身相接处作两层圆箍台，中部的旋呈三层圆箍状，环形干。旋以上的甬部饰焦叶纹，旋、干饰重环纹，旋以下甬部似装饰变形的动物纹样及重环纹。舞部饰纹，纹样形构不明晰。钲部的正反面均以钲间铭文区相隔，分成四组枚区。每组枚区又以两行篆分隔为三行枚，每行置三只两层圆柱形长枚，共计枚三十六只。篆饰顾龙纹。鼓部两铣下垂，于部微收。正鼓饰交龙纹。钟的正面钲间有铭文："隹王五十又六祀，返自西阳，楚王酓章"，反面钲间续铭文："乍曾侯乙宗彝，奠之于西阳，其永持用"，反面右鼓续铭文"享"，反面左鼓有铭文"穆商商"。

查文物信息卡片，可知国博藏楚王酓章钟系 1949 年 9 月北平人民政府移交。中华民国二十二年，即 1933 年，《河北第一博物院半月刊》第四十八期刊载了一件该院陈列的"曾侯钟"[1]

图一　国博藏楚王酓章钟正面

图二　国博藏楚王酓章钟反面

（图三），其捐赠人为孙醒华（当时的河北省人民政府所在地为天津，河北第一博物院也位于天津）。从照片来看，此钟的造型、纹样及铭文布局与国博藏楚王酓章钟全同。细审几处关键的残泐，如正面鼓部纹饰左上处、左下处、于部近纹饰右下处，又如反面右铣处，与国博藏钟残损处完全吻合，推知两者实为一器。据院刊说明，"古钟本年三月间邯郸县城西南大隐豹村农民某掘地得之"。这也是目前该钟有案可查的最早记录。

二、关联器物

目前已知与国博藏楚王酓章钟信息相关联的器物有三组。其一是1978年湖北随州曾侯乙墓出土的楚王酓章镈[2]，其纪事铭文具在钲间，内容与国博钟一致。其二是现藏于重庆中国三峡博物馆的楚王酓章钟，其形制、纹样、铭文与国博钟全同。该钟系原四川省政协委员王勃山于1951年捐赠，曾藏酉阳县文物管理所。早年曾误以为是战国器物[3]，后更正为宋仿之器，并改称"酉阳甬钟"[4]。其三是相传北宋时出土于湖北安陆的两件同铭编钟，最早著录于宋代薛尚功的《历代钟鼎彝器款识法帖》，但只有铭文的摹本，缺少拓本及图形。其中一件楚王酓章钟与出土镈钟相比，铭文一致，仅行款有异。其记事铭文后另起两列，分别记有"穆""商商"三字。另一件仅存记事铭文的后段"乍曾侯乙宗彝，奠之于西阳，其永持用享"。其后另起一列，记有"少羽反、宫反"五字。薛书之后，宋代王厚之的《钟鼎款识》收录了前钟，并增印铭文和纹饰的拓本（图四），明确了薛书的铭文布局当为实录，且"穆"在反面的右鼓，而"商商"二字分别居于反面正鼓纹饰的上下。

三、铸造时间与参照信息

国博和渝博藏楚王酓章钟的装饰纹样带有较为杂乱的时代风格，如篆部纹饰取材于西周中期的顾龙纹；又如甬部、旋、干所饰重环纹，则流行于两周之际。这些纹饰不仅时代错乱，且线条生硬，神态呆滞。这与两宋时期因崇尚古物进而描摹仿造，只求形似而不尊崇古制的风气相吻合，但又不见元明清三代仿造铜器上多妄加改造的现象，推断其为宋仿之物应大致不误。

从铭文布局来看，两钟的纪事铭文置于正反面钲间，未尽一字"享"续于反面右鼓，与

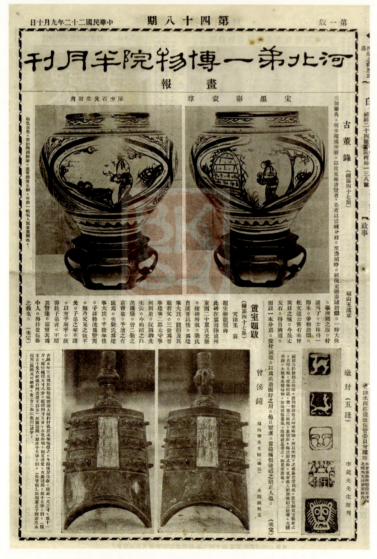

图三　《河北第一博物院半月刊》所载"曾侯钟"照片

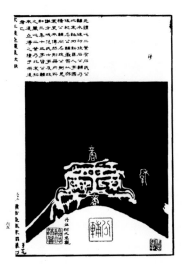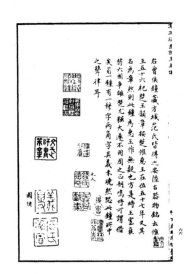

图四 《钟鼎款识》所录"曾侯钟"拓本

音阶名有关的"穆商商"三字则安排到了左鼓。曾侯乙编钟的发现让我们了解到，编钟的音阶名仅刻在正鼓和右鼓这两个敲击位置上。两件仿制铜钟的铸造者显然对此制度并不知悉，故采用了西周晚期诸如述钟"钲间—右鼓—左鼓"

这种较为常见的纪事铭文叙述顺序，对铭文进行了简单的移录。这种现象也说明，仿造者所参考的原本应是薛氏《法帖》铭文摹本，而绝不可能是宋代出土的实物，甚至连王氏《款识》收录的铭文和纹饰拓本也未曾见到。

注释：

[1] 《河北第一博物院半月刊》第四十八期（1933年9月10日）。

[2] 湖北省博物馆：《曾侯乙墓》，文物出版社，1989年。

[3] 冉大光：《曾侯乙铸》，《四川文物》1985年第3期。

[4] 《中国音乐文物大系》总编辑部：《中国音乐文物大系·四川卷》，大象出版社，1996年。

自宋代以来，"曾侯钟""曾姬无恤壶"等许多"曾"字铭文青铜器陆续被发现，它们说明在周代存在一个与楚国关系密切的"曾国"。然而这些青铜器都不是经科学考古发现的，缺少系统考古信息，无法使我们更深入地认识曾国。

曾孟羋諫盆

春秋早期
清光绪年间襄阳太平店出土
通高12.4、口径18.6厘米
襄阳市博物馆藏

本件通体饰蟠螭纹，双耳为兽形。
盖内、腹内铸有相同的铭文："曾
孟羋諫作饔盆，其眉寿用之"。本
件为嫁至曾国私名为"諫"的羋姓
女子所作之器。

本件三足和腹壁铭文一处残失。附耳，浅腹，颈部饰窃曲纹，双耳饰重环纹。腹内壁铸有铭文："曾子斿择其吉金，用铸鸟彝。惠于刺曲，囿犀下保，臧敃集[功]，百民是莫，孔□□□，事于四国。用孝用享，民俱俾缘。"铭文中间两行有缺失，"百民是莫……事于四国"，俨然是诸侯国君的口吻。

曾子斿鼎

春秋早期
1964年湖北运抵上海冶炼厂的废铜中拣选
残高17.6、口径31.8厘米
上海博物馆藏

本件传为湖北出土。侈口，宽折沿，束颈鼓肩，裆部较高，下置三个蹄形足，足中部较细。腹部装饰有相对的长鼻龙纹，以扁体扉棱为中心对称。这种类型的鬲流行于两周之际，纹饰风格也是周文化地区常见的样式。

口沿铸有铭文一周，"唯曾伯宫父穆乃用吉金，自作宝尊鬲"。"曾伯"表示为宗子身份，"宫父"是字，"穆"是私名。

曾伯宫父鬲

春秋早期
1956年从上海冶炼厂的废铜中拣选
通高11.9、口径14.2厘米
上海博物馆藏

本件侈口，折沿，颈部略有收束，颈部两侧设有一对长附耳，双耳有圆梗与口沿相连。腹部稍浅，圜底下置三个蹄形足，三足内侧均未闭合，足根部鼓起，足底部外侈。颈部装饰有一周有目窃曲纹，窃曲纹上下各有一道凸箍纹，双耳饰重环纹。这件器物与湖北京山苏家垄出土的曾侯仲子斿父鼎的风格相同，年代应为春秋早期。

腹内壁铸有铭文："曾子伯訢铸行器，尔永祜福。""曾子"表示为曾国的宗室成员，"伯"为行称，"訢"是私名。这种称谓辞例在曾国青铜器铭文中比较常见。

曾子伯訢鼎

春秋早期
传世
通高24.1、口径27.8厘米
上海博物馆藏

本件为长方体，器、盖形制相同。折沿方唇，口沿下有一段直壁，腹壁斜收，平底下置外侈的方形圈足，圈足四面有矩形缺口，圈足径相当于口径的一半。腹部两侧设有兽首形附耳，直壁饰有卷龙纹，斜壁饰有交龙纹，圈足饰有爬行龙纹。这种风格的器物还见于1979年湖北随州义地岗季氏梁出土的陈公子仲庆簠，年代为春秋早期晚段。

本件器、盖有相同的刻铭，字迹模糊："曾孙史夷作饲簠，其眉寿万年无疆，子子孙孙永宝用之。"

曾孙史夷簠

春秋早期

传世

通高18.5、口长28.2、口宽22.8厘米

上海博物馆藏

本件为容庚先生旧藏。折沿，上腹部外侈，下腹部内收。环形耳为龙形。上下腹部各饰一周窃曲纹。盆内壁铸有铭文："曾太保醽叔亚用其吉金，自作旅盆，子子孙孙永用之。"

曾太保醽叔盆

春秋早期
传世
通高12.3、口径27厘米
广州博物馆藏

曾侯乙甬钟

宋

传世

通高38.5、铣间19厘米

重庆中国三峡博物馆藏

本件甬部略残，甬中空，中部有圆箍。合瓦形钟体上有36枚。篆部饰云纹，正鼓部饰交龙纹。钲部、鼓部刻铭文："唯王五十又六祀，返自西阳，楚王熊章（以上正面钲部）作曾侯乙宗彝，奠之于西阳，其永持用（以上背面钲部）享（以上右鼓）。商商穆（以上左鼓部）。"

本件铭文与宋代《历代钟鼎彝器款识法帖》中著录的曾侯钟铭文相同，但钟的形制、纹饰、铭文的位置都与战国甬钟不符，可能是宋人根据金石学书籍著录的铭文仿制。

《历代钟鼎彝器款识法帖》中著录的两件曾侯钟铭文

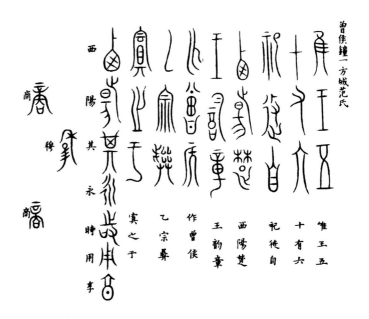

释文："唯王五十又六祀，返自西阳，楚王熊章作曾侯乙宗彝，奠之于西阳，其永持用享。商商穆。"

"商"和"穆"应分别是这件编钟的正鼓音和侧鼓音。但"穆"是何意义存在争议：有学者认为相当于曾侯乙编钟铭文中的律名"穆音"；有学者认为相当于曾侯乙编钟铭文中的"和"，与"商"为小三度关系。

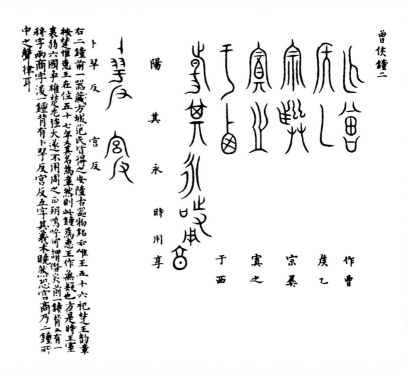

释文：作曾侯乙宗彝，奠之于西阳，其永持用享。少羽反。宫反。

"少羽"指高音区的羽音，"反"是高八度之意。羽和宫为双音的小三度关系，可能是分别是这件钟的正鼓音和侧鼓音。

第一单元

始封江汉

　　考古发现证明，曾国立国于西周早期。经过2011年和2013年两次发掘，考古工作者在随州叶家山曾国墓地发现了140座曾国墓葬，三位曾侯安葬于此。出土的大量青铜器、漆器、玉器等文物，揭示出曾国是重臣南公封国，扼守重要的南北通道随枣走廊，是周王室分封至江汉地区的重要诸侯国。

叶家山墓地第一期发掘现场

叶家山墓地第二期发掘现场

曾国的国君与贵族墓葬

在叶家山墓地，规模最大的65号墓、28号墓和111号墓是整个墓地的核心，都出土了众多带有"曾侯"铭文的青铜器。三位墓主均为西周早期的曾国国君。65号墓东侧的2号墓和28号墓东侧的27号墓，墓主皆为国君夫人。墓地以大中型墓葬为中心、不同级别贵族墓共处于同一墓地，为文献中的"公墓"。

墓主	曾侯	夫人墓
65号墓	谏	2号墓
28号墓	或为白生	27号墓
111号墓	犹	

叶家山 65 号墓

65号墓位于叶家山墓地中部，墓口为东西向，东西长5.20、南北宽3.50～3.62米。随葬品主要放置于墓内的二层台上。青铜礼器放置在西南角二层台上；青铜兵器放置在南部二层台上及椁室内南侧；酒器和漆木器、玉戈、玉圭放置在墓主人头端的东部二层台上；陶器和原始瓷器放置在东北角二层台上；铜钺、铜面具、铜錫和车马器置于椁室内；玉佩饰置于内棺中。

叶家山65号墓全景

叶家山65号墓墓口四角柱洞

考古发现，该墓葬两侧各分布两个柱洞，或为诸侯级别贵族用以下棺的工具——丰碑的痕迹。

叶家山65号墓二层台上的青铜礼器

叶家山65号墓棺内玉器

曾侯谏鼎

西周早期

2011年随州叶家山65号墓出土

通高28.9、口径24～24.3厘米

本件立耳、圆身、三柱足。鼎口呈桃形，颈部九个夔纹及九个涡纹相间排列。腹内壁铸有铭文："曾侯谏作宝彝"。

叶家山 2 号墓

　　2号墓位于叶家山墓地东北部，墓口长约4.6米，宽约3.1米，深约6.2米。葬具为1棺1椁。随葬的青铜礼器、原始瓷器、漆木器放置于二层台东部，大量的陶器与原始瓷器放置于二层台北部偏东。玉器全部置于棺内。

叶家山2号墓二层台上的随葬器物

ᐁ子鼎

西周早期
2011年随州叶家山2号墓出土
通高20.9、口径16.5～17厘米

本件饰有三组兽面纹，器腹外壁及
外底部保留有烟炱痕迹。器内壁铸
有铭文："丁巳，王大祓。戊午，
斗子蔑历，敞白牡一。己未，王赏
多邦伯，斗子丽，赏天邕卣、贝二
朋。用作文母乙尊彝"。铭文内容
讲述了斗子参加周王举行的祀典，
获得赏赐，于是制作了这件用来祭
祀文母乙的鼎。李学勤先生释斗为
"斗"字。

本件铭文可以与之前出土的保尊、
保卣等周初重器铭文相联系，记载
的可能是周成王时四方诸侯朝见周
王的"岐阳之盟"。

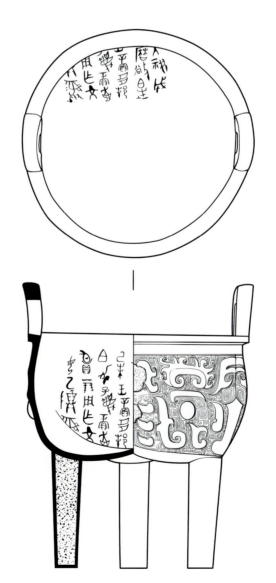

西周早期
2011年随州叶家山2号墓出土
通高22.5、口径17.5~18厘米

本件器口呈桃形，分裆。腹部饰以云雷纹为地的兽面纹
三组，足部饰阴线蝉纹。器内壁铸有铭文："曾侯谏作
宝彝"。

兽面分裆鼎流行于商代晚期至西周早期，在晚商墓葬
中，常成对出现，此传统在西周初仍有延续。曾侯谏分
裆鼎在叶家山2号墓、28号墓各出土一对，大小、形制、
铭文相同，应为同批铸造，被分置于不同的墓葬之中。

曾侯谏鼎

西周早期
2011年随州叶家山2号墓出土
通高22.5、口径17.5~18厘米

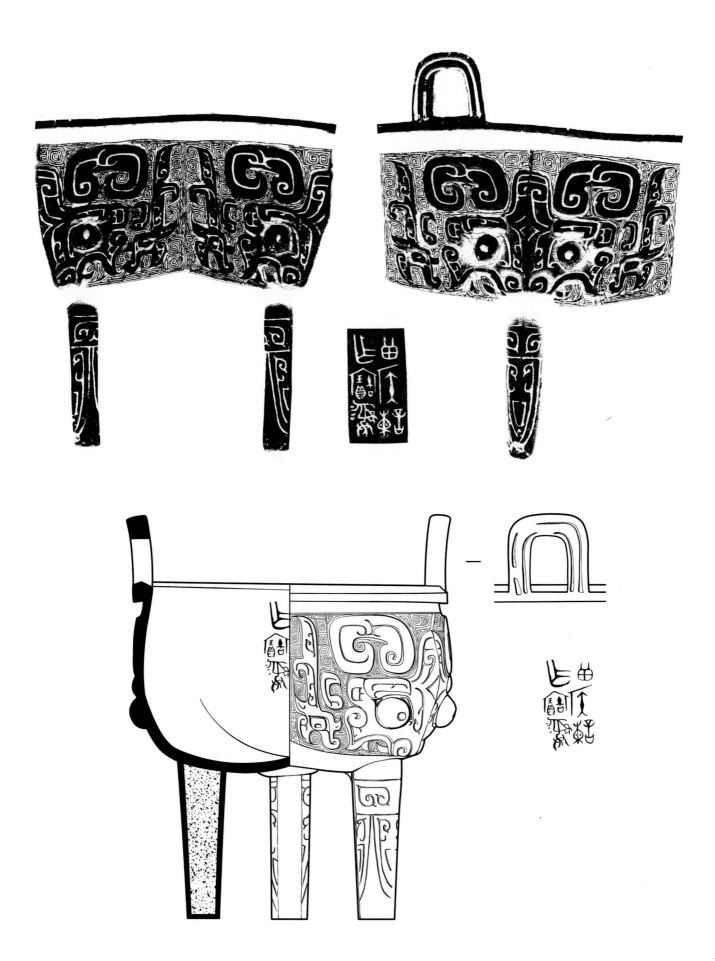

父乙亚宣共鼎

西周早期

2011年随州叶家山2号墓出土

通高21.2、口径16.5厘米

本件器口为桃形，腹部饰三组兽面纹，兽面纹两侧饰夔纹，均以云雷纹为地纹。腹内壁有铭文："父乙亚宣共。"

曾侯谏作媿甗

西周早期
2011年随州叶家山2号墓出土
通高38.8、口径23.2厘米

本件甑鬲连体，口沿下
饰一周兽面纹，甑底有
一桃圆形箅，通过先铸
的环与器体连接。鬲腹
饰粗犷的兽面纹。外底
及足部有黑色烟炱痕。
器内壁铸有铭文："曾
侯谏作媿宝彝"

本件颈部和圈足饰鸟纹，腹部饰直棱纹。双耳下带长方形珥的形制流行于西周早期。器内壁铸有铭文："曾侯谏作媿宝尊彝"，说明它是曾侯谏为其媿姓夫人所作的礼器。相同的簋在叶家山2号墓、28号墓各出土一对。

曾侯谏作媿簋

西周早期
2011年随州叶家山2号墓出土
通高13.5、口径18厘米

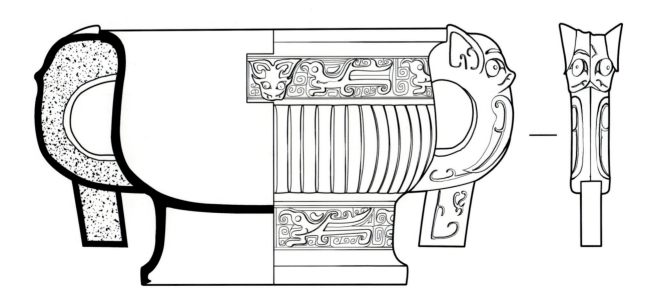

28号墓位于叶家山墓地的中部，是墓地中规模较大的墓葬之一。墓口长约7.4米，宽约6米，深约9.2米，西部有斜坡墓道。葬具为1棺1椁。随葬的器物主要放置于二层台上：北部放置青铜礼器，其中青铜酒器集中摆放于一长方形漆案之上；东部以放置青铜兵器、漆木器为主；原始瓷器和青铜车马器则置于南部。此外二层台四壁均立有长方形漆盾牌。椁室内摆放车马器和兵器。玉器放置在棺内。

叶家山28号墓出土的青铜酒器

叶家山28号墓全景

叶家山28号墓椁室

叶家山28号墓二层台上的青铜礼器

叶家山28号墓二层台上的兵器

叶家山28号墓二层台上的原始瓷器和漆器

曾侯方鼎

西周早期
2013年随州叶家山28号墓出土
通高23.6、口长15.3、口宽12.1厘米

本件颈部饰双身共首龙纹，腹壁中间素面，凹字形区域以乳钉纹装饰，足饰兽面纹。器腹内壁及盖内均铸有铭文："曾侯作宝鼎"。方鼎盛行于晚商，至周初数量已开始减少，带盖方鼎更为少见。相同的带盖方鼎还见于叶家山27号墓，但铭文略有不同。

双身共首龙纹流行于商代晚期至西周中期，多见于方鼎之上，有学者认为它是一种表现立体龙身的纹饰。

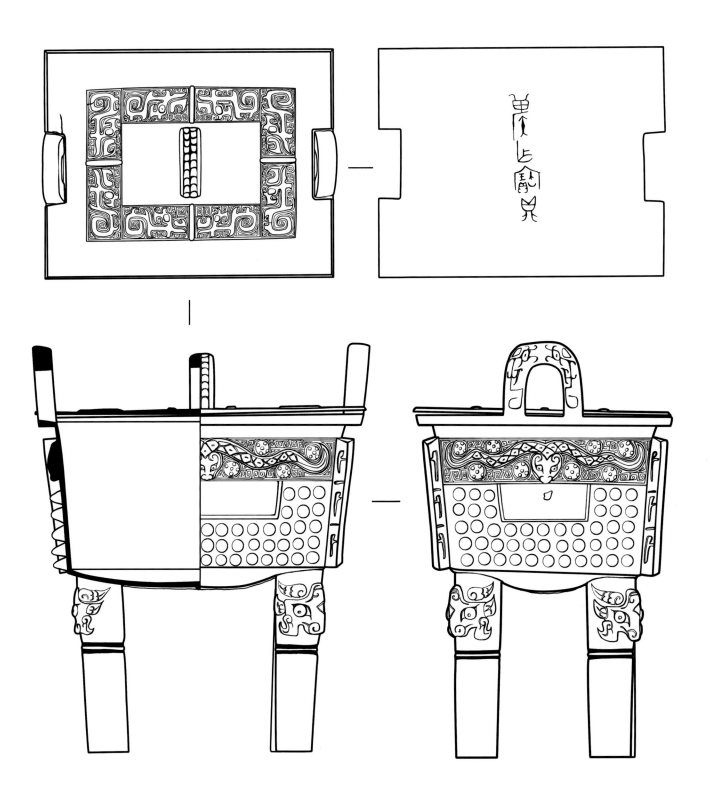

曾侯谏方鼎

西周早期

2013年随州叶家山28号墓出土

通高20.8、口长14.4、口宽10.9厘米

本件四角有四条齿状扉棱，口沿下饰一周鸟纹带。器腹呈素面，足上饰阴线蝉纹。器内壁近口沿处铸铭文："曾侯谏作宝彝"。叶家山28号墓所出土的两件曾侯谏方鼎，大小、形制、铭文皆相同，这样的方鼎也见于叶家山65号墓。曾侯谏所作青铜器在叶家山墓地较为分散，多见于28号墓和65号墓。

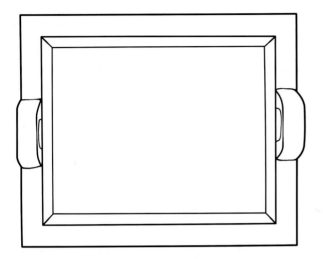

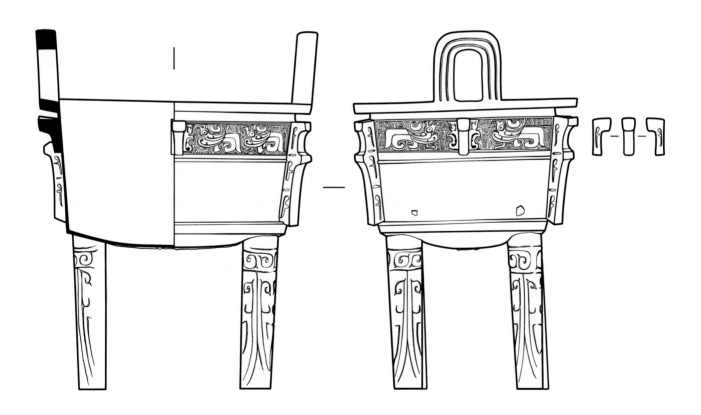

叶家山28号墓出土了2件曾侯谏圆鼎，与
2号墓、3号墓、65号墓分别出土的出土
的曾侯谏圆鼎形制、纹饰、铭文和大小
基本相同，说明这些出自不同墓葬的5件
曾侯谏圆鼎原应为一套。

曾侯谏圆鼎

西周早期
2013年随州叶家山28号墓出土
通高29.4厘米，器口径21.4～21.6厘米

曾侯谏作媿簋

西周早期
2013年随州叶家山28号墓出土
通高13.8、口径18.4厘米

本件腹部饰直棱纹，颈部及圈足
饰鸟纹。器内壁铸有铭文："曾
侯谏作媿宝尊彝"。

兽面纹簋

西周早期

2013年随州叶家山28号墓出土

通高16.8、口径19.6厘米

本件腹部饰大兽面纹，圈足饰一周夔纹。器物纹饰皆无地纹，不同于晚商青铜器纹饰的繁复风格。

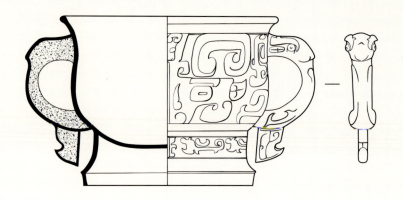

曾侯鬲

西周早期
2013年随州叶家山28号墓出土
通高15.7、口径12～12.2厘米

本件为西周早期的典型形制。颈部以弦纹为
栏，内饰圆形目纹，凸起的腹部饰三组简
化象首纹。器内壁铸有铭文："曾侯作宝
尊"。叶家山墓地所出土的青铜鬲，远多于
西周早期其他诸侯国。

曾侯甗

西周早期
2013年随州叶家山28号墓出土
通高50.6、口径33厘米

本件甑鬲连体，口沿下饰一周兽面纹，器腹附着清晰的人字形竹席痕，甑底有一桃圆形箅，通过先铸的环与器体连接。鬲腹饰粗犷的兽面纹。鬲体的裆腹部及三足上有烟炱痕。器内壁铸有铭文："曾侯用彝"。本件器型高大厚重，为西周早期的铜甗中较大者。

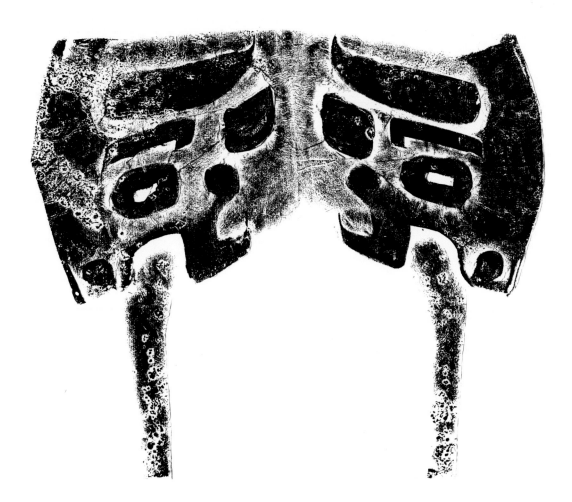

本件浅腹高圈足，承袭晚商时期的形制。口沿下两耳间饰浮雕兽首及牛形纹。相似的牛形纹也见于四川彭县竹瓦街出土青铜器上。圈足饰一周浮雕蝉纹。浮雕纹饰立体感较强，云雷地纹细密规整，体现了较高的装饰工艺水准。盘沿上及内壁有清晰的人字形席纹痕。盘内壁中央铸有铭文："曾侯谏作宝彝"。

虽然曾侯谏盉与盘在墓中并未相伴出土，但通过铭文和纹饰推测为配套使用。

曾侯谏盘

西周早期
2013年随州叶家山28号墓出土
通高14.8、口径33.6厘米

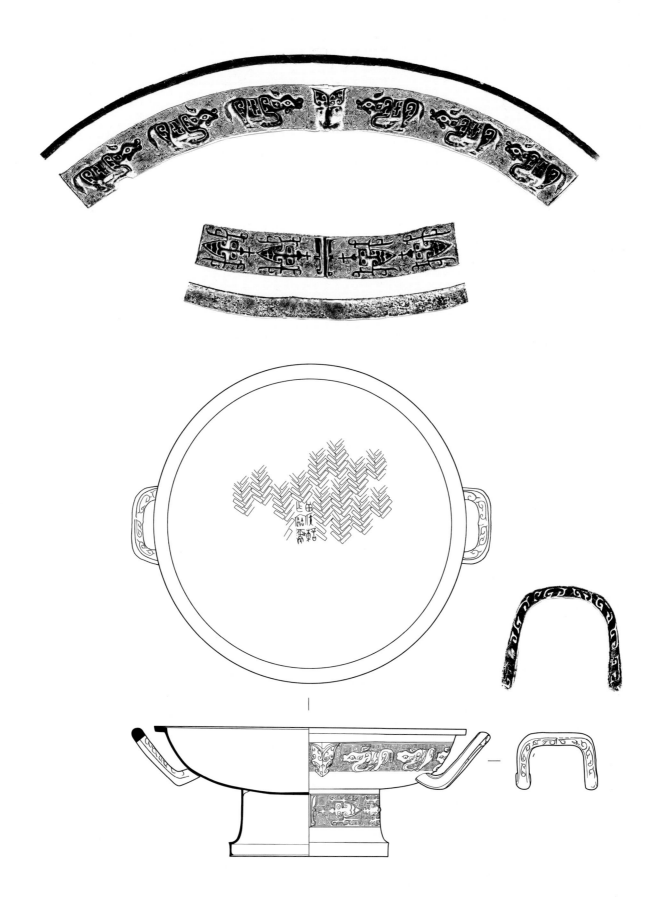

曾侯谏盉

西周早期
2013年随州叶家山28号墓出土
通高30、口径13.6厘米

本件除二条面足外，其余器表均施以精美的二重满花纹饰。器盖立有一兔形钮。盖面饰两组牛角形兽面纹。颈部以牛纹为饰。腹部施大面积的牛角形兽面纹，爬行龙纹分列两侧。鋬部饰一兽首，双耳宽大突出。流上攀爬一龙，龙口作流口。器盖内壁中央、鋬内侧均铸有铭文："曾侯谏作宝彝"。

这类鬲形腹身盉是西周最常见的造型，但本器装饰风格繁缛华丽，浮雕圆雕层次分明，造型生动，是商周青铜器中罕见的精品。

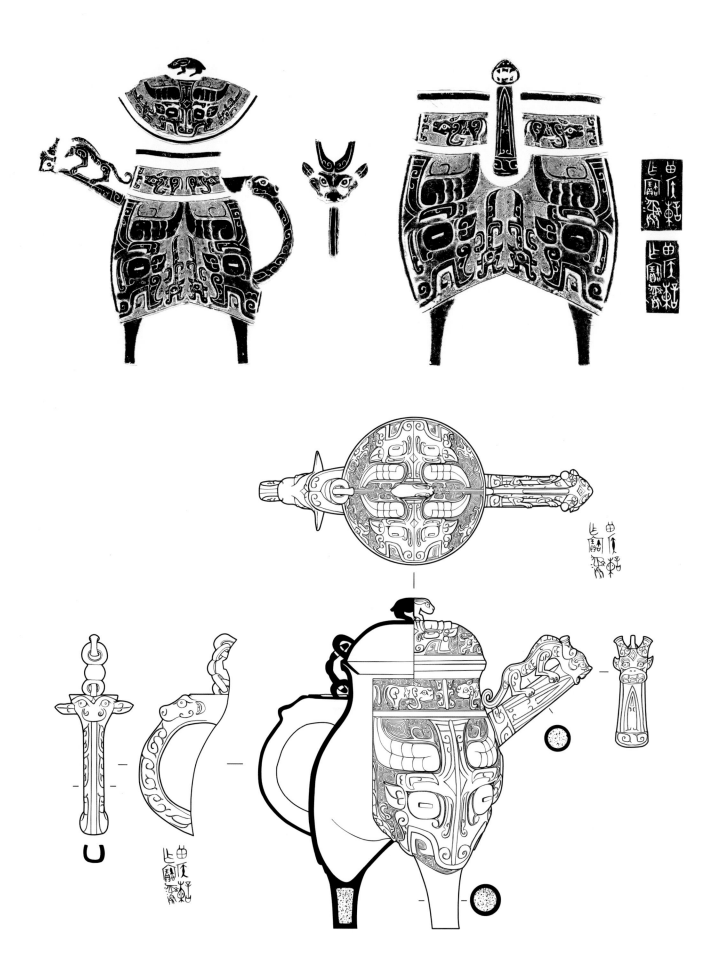

曾侯谏作媿卣

西周早期
2013年随州叶家山28号墓出土
带提梁通高43.4、口长14.8、口宽12.2厘米

本件盖钮呈菌状，提梁末端有兽首带环，两带环之间各饰一浮雕兽首。盖面和器身颈部饰带状鸟纹，圈足上饰双身共首龙纹。器体一侧的腹部及盖上有埋藏时留下的竹席痕迹。器盖内壁和器身内底铸有相同铭文："曾侯谏作媿宝尊彝"。

曾侯谏作媿卣

西周早期
2013年随州叶家山28号墓出土
带提梁通高34.8、口长11.5、口宽10.1厘米

叶家山28号墓共出土两件大小不同的曾侯谏作媿铜卣，形制纹饰基本相同，与铭文相同的铜尊配套使用。一尊二卣是西周早期高级贵族使用酒器的主要组合形式。宝鸡竹园沟8号墓、戴家湾遗址均出土与本组形制、纹饰相似的尊卣组合。

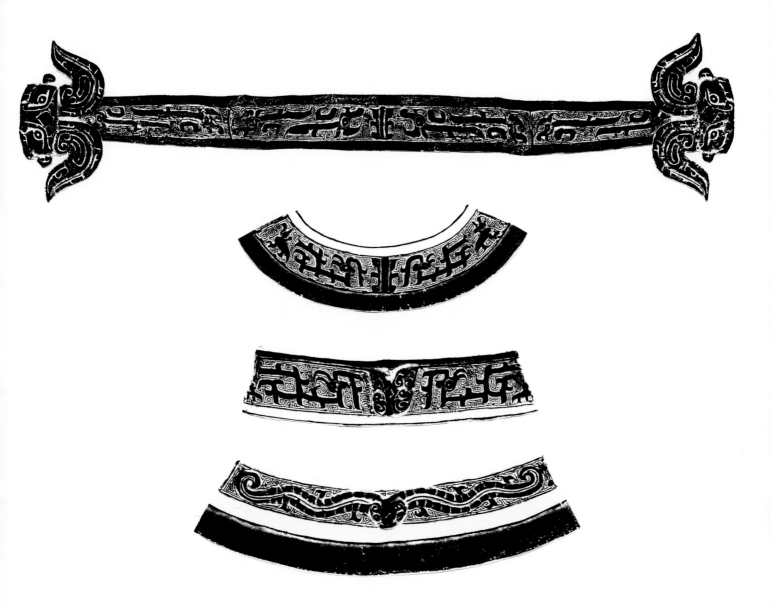

着字形席痕。器内底铸有铭
文："曾侯谏作媿宝尊彝"。本
件与两件"曾侯谏作媿铜卣"为
成套酒器。

曾侯谏作媿尊

西周早期
2013年随州叶家山28号墓出土
通高30.2、口径23.8厘米

本件敞口，直颈，中腹略鼓，高
圈足。中腹有两圈带状纹饰，
均以前后浮雕兽首为中心，两侧
分饰鸟纹。口沿上、圈足底部附
着人字形竹席痕。器内底铸有铭
文："曾侯谏作媿宝尊彝"。本
件与两件"曾侯谏作媿铜卣"为
成套酒器。

兽面纹尊

西周早期
2013年随州叶家山28号墓出土
通高26.8、口径19.8厘米

本件颈部及圈足光素，腹部两层地纹上装饰两组兽面纹，兽面两侧立有回首夔纹，上下辅以两周弦纹。本件纹饰及器型都具有晚商风格。

举母辛觯

西周早期

2013年随州叶家山28号墓出土

通高12.6、口长7.8、口宽6.6厘米

本件出土时下腹部粘附有席纹痕迹，腹部有一铸补疤痕。腹部以下有一组纹饰，但已被磨平。器内底铸有铭文："举母辛"。

入父辛爵

西周早期
2013年随州叶家山28号墓出土
通高19.9、口径8.4厘米

本件三足呈刀形，下部向外撇。腹部装饰两组细线兽面纹。腹部纹饰大部分被磨平，底部有补铸痕迹，表明本件器物被长时间使用。鋬下铸有铭文："入父辛"。
本件与同墓所出父辛爵纹饰接近，应为一对。

目雷纹觚

西周早期
2013年随州叶家山28号墓出土
通高23.5、口径14.1厘米

本件圆敞口，细圆筒形腹，小平底，圈足外侈。口、腹部素面。圈足饰有三层纹饰。上层在两周联珠纹中间饰目雷纹，中层饰四股目纹，下层饰三角目雷纹一周，纹带每周分别由三组组成。外底饰阴线盘龙纹。

本件置于北二层台中部漆木禁上。此前在宝鸡竹园沟13号墓和宝鸡茹家庄1号墓分别出土过铜质和玉质棒形器。它应该是与觥或尊配套使用的搅拌器。

棒形器

西周早期
2013年随州叶家山28号墓出土
残长17.8厘米

铜尊铭文（《集成》05444）所见的铜甋与棒形器

叶家山28号墓漆木禁上的酒器

西周早期
2013年随州叶家山28号墓出土
通高42.5、口径17.1厘米

本件盖顶置圆形捉手，盖面饰涡纹、夔纹。双耳作扁角的兽首状。颈部下正中设一全雕兽首，两旁饰相对的卷尾夔纹。下腹部有一圆雕兽首，左右分饰兽面纹。圈足上饰长尾夔纹。盝底有悬铃。从器表颜色、纹饰观察，本件的器盖与器身可能原不是一套。盖面纹饰在中原出土铜器上很少见到。容器带铃是晚商、西周时期不多见的地域文化风格，随枣走廊的鄂国、曾国青铜均有带铃的习俗。

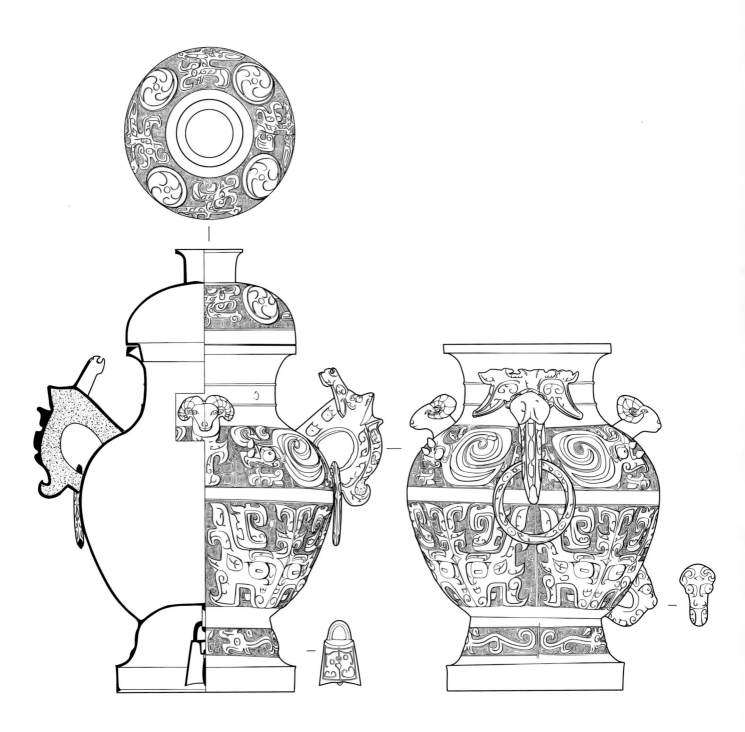

曾侯谏作媿肆壶

西周早期
2013年随州叶家山28号墓出土
通高46.5、口径8.9厘米

本件盖沿、颈部饰一周顾首夔龙纹。壶身、圈足印有竹席痕迹。出土时，器盖提手、壶颈及圈足，饰有一周朱绘纹带，纹饰为黑底红彩尖头燕尾纹。盖内及壶内壁各铸铭文："曾侯谏作媿肆壶"。
"肆壶"可能是陈列于祭祀仪式中的器物。近似于长筒形的贯耳壶是西周早期新出现的器型，在叶家山和一些商周之际的墓葬中发现有类似器型的铜铊木器，说明这种铜壶的原型是木器。

龙纹钺

西周早期
2013年随州叶家山28号墓出土
通长19.8厘米

正　　　　　　　　　　　　　　背

本件作斧形，钺援中部饰兽面纹，两侧
饰圆雕龙纹。钺是商、西周时期高等级
贵族身份的象征。

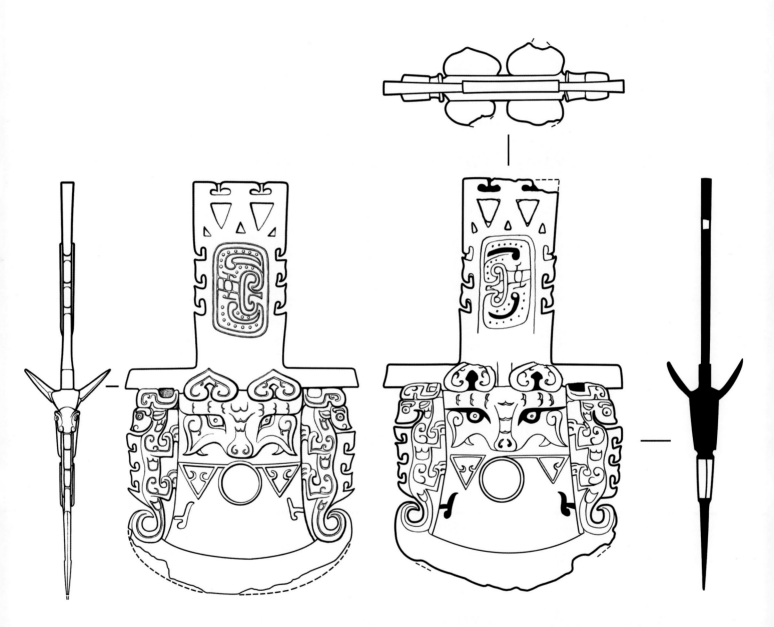

叶家山 27 号墓

　　27号墓位于叶家山墓地的中部偏东处。墓口长约6.7米，宽约4.9米，深约9.5米。二层台北部放置青铜礼器，东部放置漆器、陶器和原始瓷器，此外还有少量的陶器和漆木器放置于南部。组佩等玉器置于棺内。

叶家山27号墓全景

叶家山27号墓二层台上的青铜礼器

立鸟兽面纹罍

西周早期

2011年随州叶家山27号墓出土

通高53.2、口径17.3厘米

罍盖上立有一只昂首凤鸟，展翅欲飞。盖顶至圈足，均设四道扉棱。盖面饰兽面纹，角尖旋卷高出盖面，兽角下饰有蛇纹。双耳侧立兽首，颈部伸出全雕兽首，兽首均有象鼻。腹部饰兽面纹，圈足饰龙纹。器底附有悬铃。

本件造型奇异，纹饰华丽夸张，圆雕平雕地纹交错。27号墓出土2件相同的铜罍，与1980年四川彭县竹瓦街所出的极为相似，体现了不同于周文化的特点。

铜釦木壶

西周早期
2013年随州叶家山28号墓出土
复原通高56、盖顶直径10.5、底座底径
13.7~14.5厘米

"釦器"是指以金属箍施于器物的口沿、底部、腹部等部位的漆木器。本件出土时漆木部分已朽，铜釦每套由铜盖、铜壶口和铜圈足三部分所组成。

疑父簋

西周早期

2011年随州叶家山27号墓出土

通高21、口径17.9厘米

本件腹部饰卷尾夔纹。圈足以云雷纹为地，饰一周爬行龙纹。方座侧面饰牛角形兽面纹。器底铸有铭文："疑父作宝尊彝"。

方座簋流行于西周早期，是簋和方形禁案的结合，不见于晚商青铜礼器，可能是早期周人所特有的一种器类，在叶家山墓地并不多见。

曾侯方鼎

西周早期
2011年随州叶家山27号墓出土
通高20.3、口长16.9、口宽13.3厘米

本件与叶家山28号墓出土的曾
侯方鼎器型、纹饰基本相同，
唯铭文略有不同。腹内壁和器
盖铸有铭文："曾侯作宝尊彝
鼎"。"侯"字反书。

叶家山 111 号墓

　　111号墓位于叶家山墓地南部中心处。墓口长约13米，宽约10米，深约9米，有斜坡墓道。葬具有1椁，内棺重数不明。

　　二层台四壁立有大量长方形漆盾。其北部分类放置青铜食器、酒器、水器，东部有漆木器和原始瓷器，铜兵器位于南部，西部则是青铜编钟和少量铜兵器。棺内主要有车马器和玉器。111号墓墓主为曾侯犺，是目前已发现的墓室规模最大的西周早期墓葬。

叶家山111号墓全景

叶家山111号墓出土的青铜编钟

叶家山111号墓随葬一组保存完好的编钟。编钟由1件镈钟和4件甬钟组成，其中2件甬钟上发现了迄今为止最早的双音钟侧鼓音（第二基频）的标识符号。通过测音得出，5件编钟共计10个音高，构成六声音列，为四声七律，内含周代音阶骨干结构"羽（La）～宫（Do）～角（Mi）～徵（Sol）"，是迄今所知最早的实例。这组编钟是迄今所见西周早期出土数量最多双音编钟，对研究我国古代乐悬制度及音乐发展具有重要的学术价值。

叶家山111号墓出土编钟音高测、听对照表

标本	正鼓音	侧鼓音	听感
M111:11	$\#C_5^{-48}$	E_5^{+5}	La（羽）—Do（宫）
M111:7	$\#G_4^{-26}$	B_4^{+47}	Mi（角）—Sol（徵）
M111:13	E_4^{-4}		Do（宫）
M111:8	$\#C_4^{-41}$		La（羽）
M111:5	B_3^{-7}		Sol（徵）

A4＝440Hz。标本的前后顺序依正鼓音高顺序排列。

叶家山111号墓二层台上的青铜食器

叶家山111号墓出土的青铜食器

叶家山111号墓二层台上的青铜酒器

叶家山111号墓出土的青铜酒器

盘龙兽面纹罍

西周早期
2013年随州叶家山111号墓出土
通高47.9、口径17.2厘米

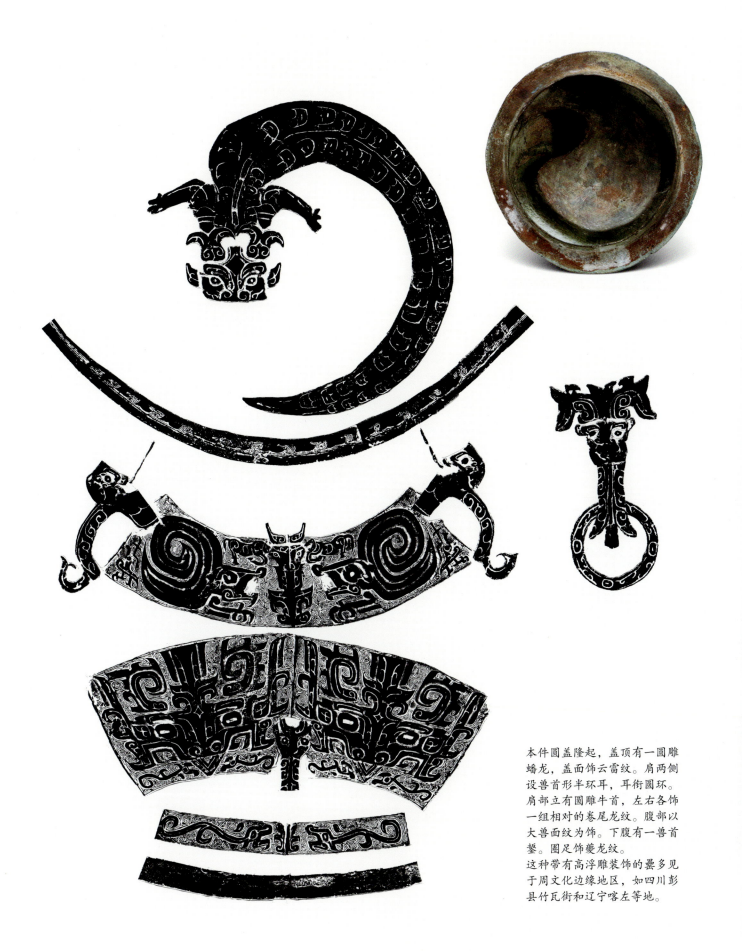

本件圆盖隆起，盖顶有一圆雕蟠龙，盖面饰云雷纹。肩两侧设兽首形半环耳，耳衔圆环。肩部立有圆雕牛首，左右各饰一组相对的卷尾龙纹。腹部以大兽面纹为饰。下腹有一兽首鋬。圈足饰夔龙纹。

这种带有高浮雕装饰的罍多见于周文化边缘地区，如四川彭县竹瓦街和辽宁喀左等地。

本件口沿下饰一周兽面纹带。扁足造型为夔龙。

夔足鼎

西周早期
2013年随州叶家山111号墓出土
通高16.1、口径13.8厘米

兽面面具

西周早期
2013年随州叶家山111号墓出土
通高22.3、面宽16.1～21.4厘米

本件水牛状粗角上翘，耳、眉、眼、鼻向外凸起，眼部有穿孔。两眉上及鼻部的内壁有半环形钮，应为穿系绳带之用。

半环形龙纹钺

西周早期
2013年随州叶家山111号墓出土
通高29.4、鋬径长3.3、宽2.1厘米

111号墓出土三件半环形钺，形制基本相同。本件器身饰半环形龙纹，椭圆形鋬作龙首。

叶家山65号墓、甘肃灵台县白草坡西周墓也出土有形制相同的半环形钺。不同于一般的斧形钺，它应是西周早期新出现的器型，往往为国君一级的贵族所用。

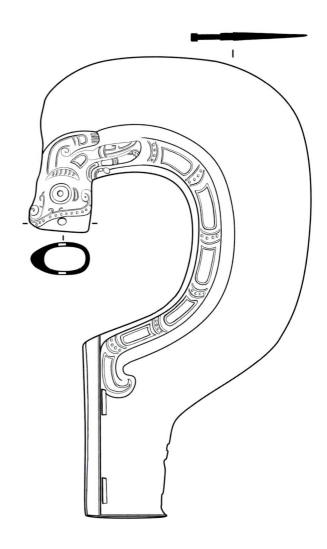

出土西周时期半环形铜钺相关情况

地点	墓主身份
浚县辛村	可能为康侯
灵台白草坡1号墓	泾伯
长安张家坡170号墓	井叔
韩城梁带村27号墓	芮伯
韩城梁带村502号墓	芮伯
随州叶家山65号墓	曾侯
随州叶家山111号墓	曾侯

叶家山 1 号墓

　　1号墓位于叶家山墓地东北部，是本墓地最先发现的一座墓葬。该墓因取土遭到破坏，墓口残长约3.6米，宽约2.5米，深约2.6米。葬具为一棺一椁。棺底中央腰坑殉狗1只。随葬器物主要置于西部和南部的二层台上，有铜器、陶器、漆木器（已朽）和骨器。玉器出自棺内。铜器保存完好，漆木器仅存痕迹。

师方鼎（4件）

西周早期
2011年随州叶家山1号墓出土
通高23.2、口长14.2、口宽17.4厘米

叶家山1号墓出土四件方鼎，大小、器形、纹饰相同，为晚商风格。器身有八条齿状扉棱，腹部饰大兽面纹，两侧分置倒立夔纹，以云雷纹为地。足根处铸有小兽面，以短扉棱为鼻梁。器内壁铸有铭文："师作父癸宝尊彝"。
四件方鼎是极高规格的青铜器组合。国君级别的叶家山28号墓、111号墓均出土有四件方鼎。

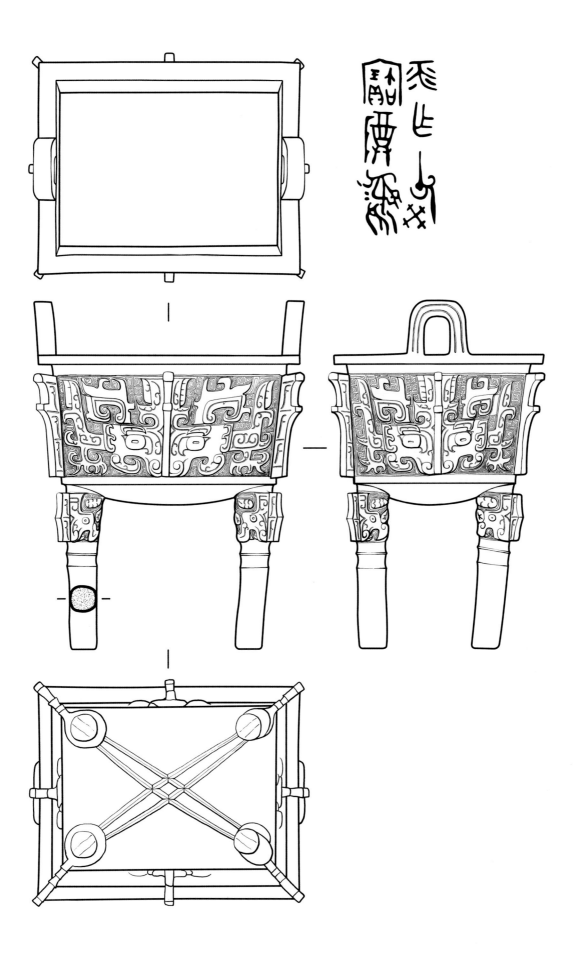

师圆鼎

西周早期
2011年随州叶家山1号出土
通高56、口径40.4厘米

本件铜鼎器型高大。立耳饰绚索纹，口沿下饰浮雕兽面纹带一周，兽面以短扉为鼻梁。器腹、外底及足根部有烟炱痕迹。器内壁铸有铭文："师作父乙宝尊彝"。

本件仅口沿下颈部两弦纹间饰一周圆涡纹，器表光洁平滑，制作后经打磨。器内壁铸有铭文："师作父癸"。

师圆鼎

西周早期
2011年随州叶家山1号墓出土
通高29.1、口径24厘米

龙纹鼎

西周早期
2011年随州叶家山1号墓出土
通高16.5、口径11.6厘米

本件直颈，腹部外凸，颈部以云雷为地，饰一周双身同首龙纹，龙体曲屈处分别填有凸起的四个圆涡纹。这一纹饰在方鼎、尊、卣等器类中常见，较少见于圆鼎。这种形制特殊的鼎还有台北故宫博物院藏父乙鼎、父辛鼎。

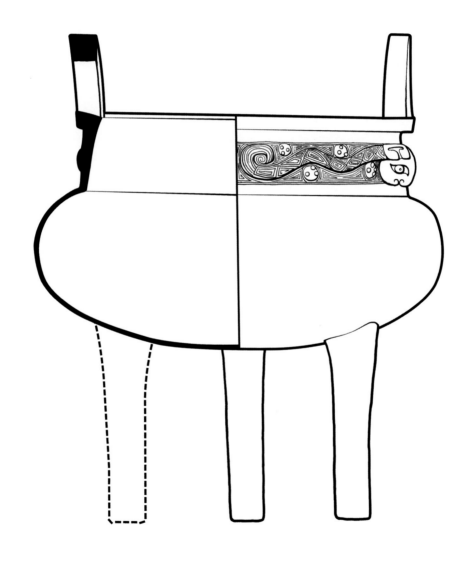

兽面蕉叶纹鼎

西周早期
2011年随州叶家山1号墓出土
通高27、口径19.3厘米

本件器口为桃圆形。器身通体饰花纹。上腹部饰一周以云雷纹为地的浮雕兽面纹带，下腹部饰一周以云雷纹为地的九组浮雕蕉叶纹，每组蕉叶纹分别由两对头上尾下的变形夔纹组成，足饰阴线蝉纹。器外底及腹部有黑色烟炱残留物。

兽面纹簋（2件）

西周早期
2011年随州叶家山1号墓出土
左：通高16.7～17、口径22.2厘米
右：通高16.8、口径22.4厘米

本组铜簋形制、纹饰基本一致。腹部饰大兽面纹，兽面纹两侧伸出躯体和卷尾，圈足上饰鸟纹。半浮雕的纹饰上下分别有两层云雷纹地纹，纹饰具有晚商时期青铜器的风格。

本件装饰三组象首纹，利用凸起的腹部装饰类似半浮雕的象首纹。器外底残留有烟炱痕迹。

象目纹鬲

西周早期
2011年随州叶家山1号墓出土
通高15.2、口径12.2～12.4厘米

兽面纹甗

西周早期
2011年随州叶家山1号墓出土
通高41～41.9、口径24.2～25.2厘米

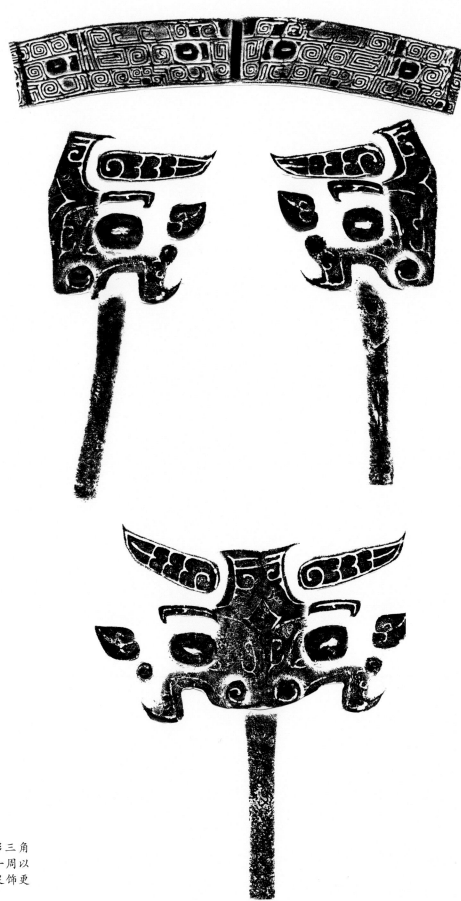

本件甑鬲连体。甑内底有桃形三角
算。甑耳饰绚索纹。口沿下饰一周以
云雷纹为地的兽面纹带。鬲三足饰更
为夸张的兽面纹。

🝔父癸觚

西周早期
2011年随州叶家山1号墓出土
通高28.2、口径16.2厘米

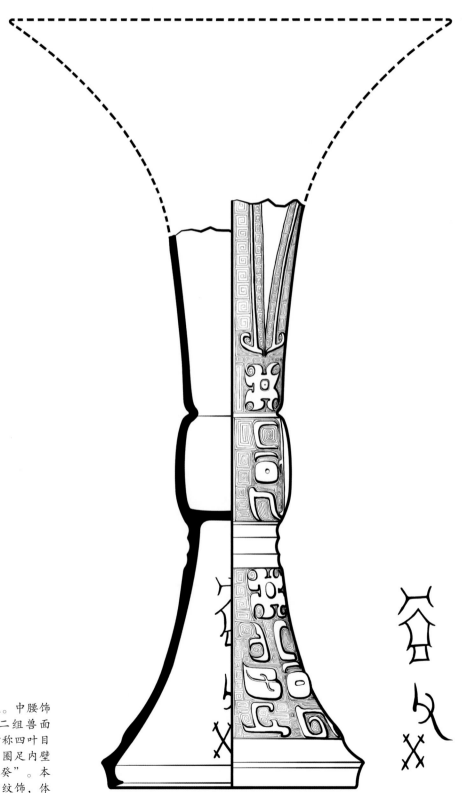

本件颈部饰蕉叶纹。中腰饰
以云雷纹为地的二组兽面
纹。圈足上部施对称四叶目
纹，下饰兽面纹。圈足内壁
铸有铭文："⚇父癸"。本
件通体细密繁缛的纹饰，体
现出晚商的装饰风格。

弦纹觯

西周早期
2011年随州叶家山1号墓出土
通高17.1、口径8～8.4厘米

本件装饰简单，仅在颈部饰两周平行弦纹。

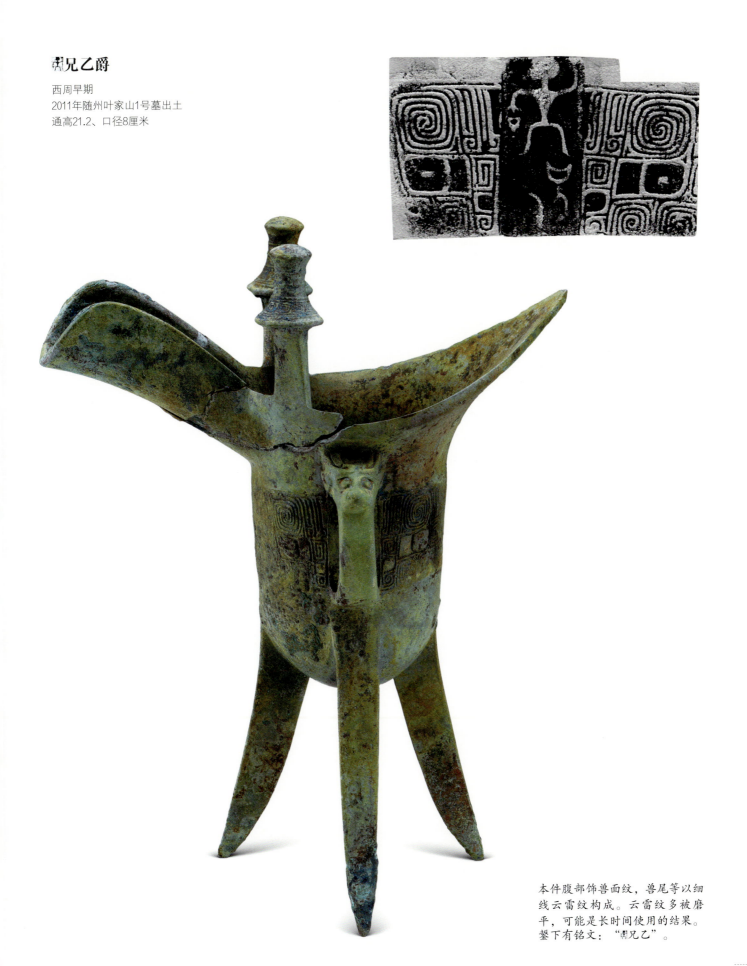

兄乙爵

西周早期
2011年随州叶家山1号墓出土
通高21.2、口径8厘米

本件腹部饰兽面纹，兽尾等以细
线云雷纹构成。云雷纹多被磨
平，可能是长时间使用的结果。
鋬下有铭文："兄乙"。

兽面纹尊

西周早期
2011年随州叶家山1号墓出土
通高29.6、口径22.1厘米

本件敞口，中腹外鼓，圈底，高圈足外撇。腹部上下各施二道平行弦纹。弦纹之间腹饰两组以云雷纹为地的浮雕兽面纹，兽面两侧上部各饰一浮雕夔龙纹，夔龙下饰浮雕鸟纹。

本件浅腹高足，为西周早期方鼎常见的形制。上腹饰双身共首龙纹，龙身有云状鳍。下腹中部的长方框为素面，其左右两侧各有一只立鸟。器内壁铸有铭文："⦿伯作宝尊彝"。

龙纹方鼎

西周早期

2011年随州叶家山50号墓出土

通高23.7、口长18.6、口宽14.5厘米

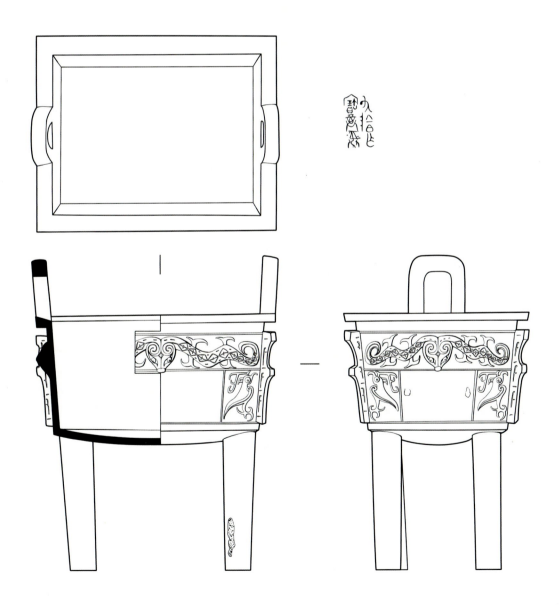

兽面纹簋

西周早期
2011年随州叶家山50号墓出土
通高22.9、口径18.4厘米

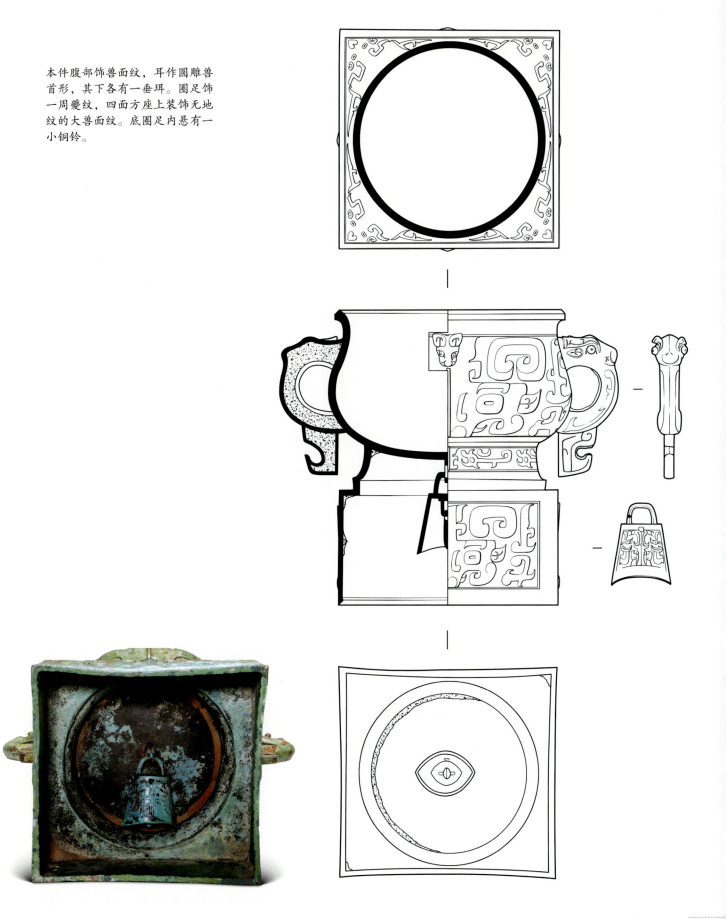

本件腹部饰兽面纹，耳作圆雕兽首形，其下各有一垂珥。圈足饰一周夔纹，四面方座上装饰无地纹的大兽面纹。底圈足内悬有一小铜铃。

本件无盖，扁圆形腹下垂。腹部上下的弦纹间饰二组浮雕兽面纹。圈足饰二道平行凸弦纹。

兽面纹觶

西周早期
2011年随州叶家山50号墓出土
通高11.8、口径7.7～6.4厘米

作宝尊彝卣（附斗）

西周早期
2011年随州叶家山50号墓出土
卣：带提梁通高25.3、口长11.1、口宽8.2厘米
斗：通长21.5、口径2.8厘米

本件卣出土时内装一件斗。斗是挹酒的器具。不少商周时期的卣、尊出土时，器内都有斗。

叶家山 126 号墓

126号墓口长4.42米，宽3.16米，东西向，一棺一椁。主要随葬品为铜器、瓷器、玉器。大型礼器主要分布在东部的熟土二层台上，椁室内棺木四周分布有兵器、车马器，棺内有矛、玉器。

126号墓全景

祖己鼎

西周早期
2013年随州叶家山126号墓出土
通高28.9、口径22.8～23.1厘米

本件口沿下饰一周以涡纹、鸟纹、龙纹
所组成的纹饰带。器底有一层较厚的烟
炱痕迹。器内壁铸有铭文："丁亥，王
锡祖己□（柜？）邑觯，锡彤弓，锡贝
五朋，用作父乙尊彝。￦举。"

兽面纹方座簋

西周早期
2013年随州叶家山126号墓出土
通高22.3、口径18.3厘米

本件双耳作圆雕兽首，下设垂珥。腹部饰两组兽面纹，圈足以一周爬行龙纹装饰。方座四周饰兽面纹。

本件颈部、圈足均以一周兽面纹装饰。
口沿正下方及双耳设有浮雕兽首。

兽面纹簋

西周早期
2013年随州叶家山126号墓出土
通高15.8、口径20.2厘米

兽面纹甗

西周早期
2013年随州叶家山126号墓出土
通高41.4、口径26.3厘米

本件甑、鬲连体。甑耳饰
绚索纹，甑口沿下饰一周
兽面纹，三足上部饰浮雕
兽面纹。器表遍布烟炱。

麻于尊

西周早期
2013年随州叶家山126号墓出土
通高28.4、口径21.4厘米

本件外壁有四道纵向长扉。纹饰从上至下分三段，上段颈部饰蝉纹和鸟纹，中段腹部和下段圈足饰兽面纹。器内底铸有铭文："麻于肇畜马、谷，赏。用作父戊宝彝。庚册"。铭文大意是说麻于因为养马而受到赏赐，因此制作了用来祭祀父戊的铜器。"庚册"是表示麻于族氏的铭文。

麻于卣

西周早期
2013年随州叶家山126号墓出土
带提梁通高36厘米、口长16.5、口宽12.8厘米

本件全器满花，以云雷纹为地。提梁饰蝉纹，提梁两端圆雕兽头作牛首。盖顶有菌状钮，盖面饰兽面纹。盖及器身有四条纵向扉棱。颈部饰龙纹带一周。腹部饰兽面纹，兽尾下两侧各饰一凤鸟纹。圈足饰蛇纹带。本件盖、器对铭，各铸有铭文："麻于肇畜马、谷，赏，用作父戊宝彝。庚册"。

尊和卣是商代晚期至西周早期常见的酒器组合。麻于尊、卣通体纹饰精美繁缛，是这一时期的青铜器精品。

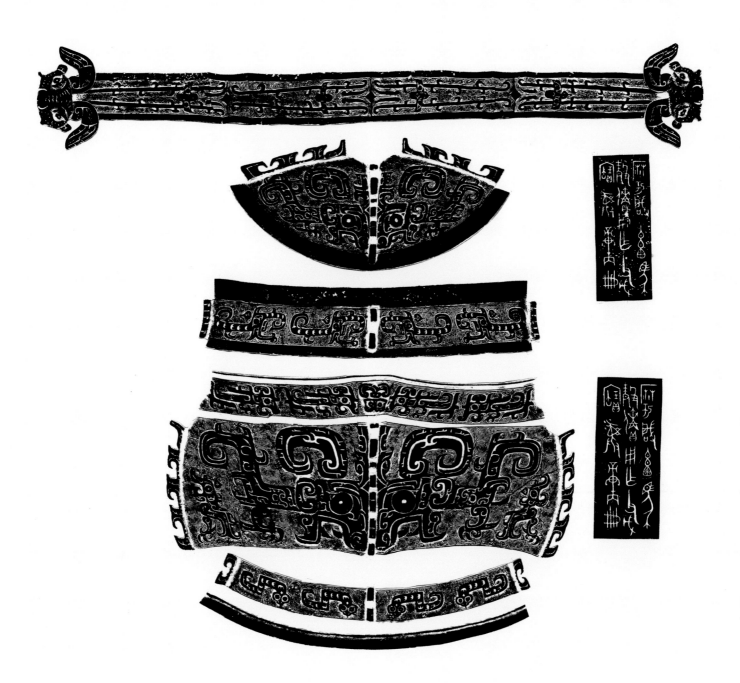

戈父癸尊

西周早期
2013年随州叶家山126号墓出土
通高29.1、口径21.9厘米

本件腹微鼓，高圈足外撇。颈部与下腹部光素，仅以两周弦纹装饰。腹部微鼓处装饰兽面纹，左右分饰鸟纹，纹饰立体而精美。内底铸铭文："戈父癸"。

木癸卣

西周早期

2013年随州叶家山126号墓出土

带提梁通高36.8、口长15.5、口宽10.9厘米

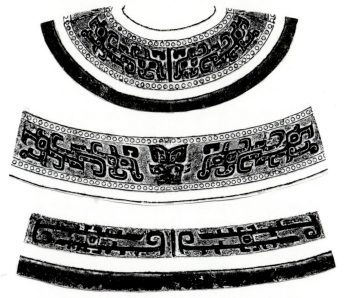

本件体呈椭圆形，提梁两端有兽首形圆环。盖顶中心有一菌状钮，盖沿下折内束成母口。器长颈，子口与盖套合，深弧腹略鼓，圆底，高圈足外撇下。提梁饰双身共首蝉纹，口沿下饰一周双首共身龙纹。盖内铸有铭文："木奚作父庚宝彝"。器内底铸有铭文："木奚作父庚宝尊彝"。"父"字反书。叶家山126号墓出土木奚卣两件，形制、纹饰与铭文相同，只是大小有别。

木癸卣

西周早期

2013年随州叶家山126号墓出土

通高31.5、口长12.6、口宽9.2厘米

庚父戊爵

西周早期
2013年随州叶家山126号墓出土
通高18.9、口径7.3厘米

本件昂流翘尾，尾作燕尾形。两柱顶作伞状，顶面中央隆起一个乳突饰。腹侧有一兽首形鋬，三刀形足外撇。口沿下饰蕉叶纹，器腹饰以云雷纹为地的兽面纹。鋬内铸有铭文："庚父戊"。叶家山126号墓出土庚父戊爵两件，形制、纹饰与铭文相同，只是大小有别。

庚父戊爵

西周早期
2013年随州叶家山126号墓出土
通高18.8、口径7.2厘米

祖己爵

西周早期
2013年随州叶家山126号墓出土
通高23.4、口径8.6厘米

本件伞帽装饰卷云纹。鋬饰浮雕牛头兽首。器腹饰以云雷纹为地的四瓣目纹。鋬下铸有铭文："祖己"。

祖爵

西周早期
2013年随州叶家山126号墓出土
通高18.5、口径6.7厘米

本件通体光素，仅在鋬两侧
腹上部各饰三条短线纹。鋬
下铸一阳线"△"形，应
"祖"字，与祖己爵为同一
人所作之器。

入父己觯

西周早期
2013年随州叶家山126号墓出土
通高16.7、口长7.5、口宽6.7厘米

本件敞口，长颈略束，椭圆腹下垂，圜底，喇叭口形高圈足。颈下饰一周云雷纹带，圈足饰三角目云雷纹带一周。器内底铸有铭文："入父己"。

兽面纹觯

西周早期
2013年随州叶家山126号墓出土
通高14.2、口径8.3～8.5厘米

本件敞口，窄方唇，长颈略束，深腹略下垂，圈底，高圈足外撇。颈下和圈足各饰二道凸弦纹。腹部饰兽面纹。

南公封国

考古学家在111号墓中发现了一件"犺作烈考南公"铜簋，说明这件簋是曾侯犺为其父南公所作。据推测，南公是西周初年极具政治和军事才能的南宫适，而曾国就是南宫适的封国。

南公簋

西周早期
2013年叶家山111号墓出土
通高31、口径23.4厘米

本件敞口外侈，方唇，束颈，弧壁，圆腹略鼓，高圈足下接方座。兽首形半环双耳下附一长方形垂珥。方座簋之圈足底内中部悬一小铃。

簋器表通体花纹繁缛，腹部饰浮雕兽面纹带。兽面两侧各饰一倒立浮雕夔龙纹。圈足饰一周两组夔龙纹带。方座各面一浮雕兽面纹。内壁铸有铭文："犺作烈考南公宝尊彝"。

南宫姬鼎

西周早期
山西曲沃天马—曲村6081号墓出土
通高16.4、口径14.4厘米
山西青铜博物馆藏

本件束颈、腹部圆扁，底部近平，三柱足细长。内底铸有铭文："南宫姬作宝尊鼎"。
有学者认为本件器形受到了南方土著文化的影响，但铭文显示器主是高级姬姓贵族，可能是因为南公家族的曾国被分封到长江流域，本件才会出现在晋国墓地之中。

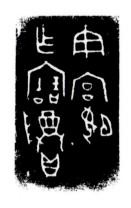

南宫乎甬钟

西周晚期
1979年陕西扶风豹子沟出土
通高55、鼓间20、铣间28.5厘米
扶风县博物馆藏

本件甬钟为合瓦形，管状甬，阔旋方宽斡，侈铣，钲间饰三排乳状长枚。斡部饰环带纹，旋部饰夔纹，舞部饰对称四组龙纹。篆间饰中目"S"形窃曲纹，末端分歧，正鼓部饰对称象鼻龙纹，右鼓饰一象鼻龙纹为侧鼓音符号。正面甬部、钲间及左鼓有铭文。甬部铭文为："司徒南宫乎作大林协钟，兹钟名曰无射"。钲间及左鼓铭文为："先祖南公、亚祖公仲必父之家，天子其万年眉寿，畯（以上钲间）永保四方，配皇天。乎拜手稽首，敢对扬天子丕显鲁休，用作朕皇祖南公、亚祖公仲（以上左鼓部）"。

根据曾侯與编钟铭文等出土文献，南宫氏的始祖为南宫适，即曾侯犺铜簋中的南公。与齐、鲁等国一样，曾国也是南公长子前往封国。次子即《尚书·顾命》中的南宫毛留在王室任职。王畿中的南宫氏是南宫毛的后代。

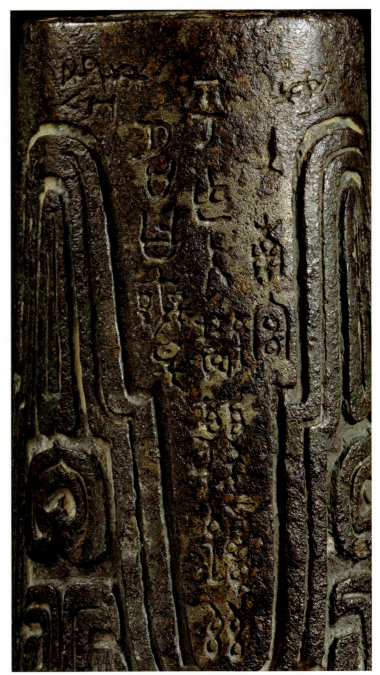

叶家山28号墓、111号墓中均发现了随葬的铜锭。28号墓出土两件铜锭材质均为红铜，铜含量达99%以上。铜锭是铸造青铜器的原料。青铜器是先秦时期权力、财富的象征，铜是极为重要的战略资源。青铜器铭文中有不少周王"赐金"的记载，"金"指的就是铜。

铜锭（2件）

西周早期

2013年随州叶家山28号墓出土

圆形铜锭：直径29.5、边沿厚1.8厘米，重2865克

长方形铜锭：长36.3、宽14.1～14.6、厚1.2～2.3厘米，重2960克

铜锭

铜锭出土位置

叶家山111号墓出土象牙
叶家山111号墓出土的象牙是西周时期墓葬中首次出土的完整象牙。《诗经·鲁颂·泮水》："憬彼淮夷，来献其琛。元龟象齿，大赂南金"。意思是被征服的淮夷献来珍宝，包括大龟、象牙、美玉和青铜。象牙在商周时期被高级贵族用于制作奢侈品和祭祀。在相当于商代晚期的四川三星堆遗址、金沙遗址中曾出土大量的完整象牙，中原地区考古发现的多为牙雕制品。

曾国的战略位置

今湖北随州枣阳一线位于桐柏山与大洪山之间、汉水之东，北通南阳盆地，南联江汉平原，被称为"随枣走廊"。周代将同姓的曾国分封于此，作为控制南方铜矿资源，经略汗汉地区的战略支点。昭王南征楚人时，即以在今随州的曾、鄂两国为军事据点。曾国在三代曾侯之后离开叶家山所在区域可能也与昭王南征失败有关。

释文：唯十月甲子，王在宗周，令师中眔静省南国，□虡厷。八月初吉庚申至，告于成周。月既望，丁丑，王在成周太室，令静曰：俾汝□司在曾、鄂师。王曰：静，赐汝邑、旂、靯、采曟，曰用事。静扬天子休，用作父丁宝尊彝。

静方鼎铭文记载了昭王南征伐楚的史事。周王命静与师中作为先行官视察南国，任务完成后静回到成周，周王又让他去管理曾、鄂两地的军队，说明曾国及其邻国鄂国是周王朝在南方的重要军事据点。

过伯簋

西周
传世
通高18.1、口径16.2、腹径16.5厘米
旅顺博物馆藏

本件为罗振玉旧藏。侈口，鼓腹，双耳垂珥，圈足
下连方座，方座四面的下方均有缺口。耳上端饰
兽首，颈部以云雷纹为地饰一周鸟纹，圈足饰云
雷纹和兽面纹，方座开口上方亦饰兽头。内底铸有
铭文："过伯从王伐反荆，俘金，用作宗室宝尊
彝"。记载了过伯随周昭王南征荆地的史实。

湖北境内的枣阳郭家庙、京山苏家垄等地点都发现了西周晚期至春秋早期的曾国遗存。曾国考古遗存的分布证明，西周晚期到春秋早期曾国疆域广大。枣阳郭家庙墓地和周边城址的出土文物反映出曾国有着强大的国力和发达的文化，其文化面貌和中原基本一致。这一时期的曾国恰与《左传》中"汉东之国随为大"的记载相符。

第三单元
汉东大国

京山苏家垄遗址

苏家垄遗址群位于今湖北省荆门市京山市坪坝镇西侧，坐落于漳水北岸。遗址群可分为苏家垄遗址、苏家垄墓地两部分。1966年修建水渠时，苏家垄墓地发现包括九鼎十簋在内的97件青铜器，鼎、壶等青铜器上有"曾侯仲子游父""曾仲游父"等铭文，这是湖北考古首次发现文献记载的九件列鼎，时代属于两周之际，引起了学术界高度关注。

从2015年开始，考古工作者对这里进行了系统勘探与发掘，确认这是一处包括墓地、居址、冶炼作坊的曾国大型城邑，遗址时期为西周晚期至春秋早期。

苏家垄墓地全景

本件敛口，鼓腹，圈足，独角竖耳长舌兽首形双耳，有珥，圈足下有三个象鼻形兽蹄足。盖内及器身通体饰瓦纹。器底内与盖内均有铭文："唯正二月既死霸壬戌，竈乎作宝簋，用听凤夜，用享孝皇祖文考，用匄眉寿永命，乎其万年永用。束"。

"竈乎"为人名，可能为商遗民的后裔。束为族徽。1966年苏家垄出土的7件铜簋与九鼎原属不同的礼器组合，被临时拼凑作为墓主人曾仲斿父的随葬品。

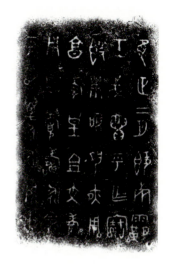

竈乎簋

春秋早期
1966年京山苏家垄出土
通高25、口径20.5厘米
湖北省博物馆藏

窃曲纹鼎（9件）

春秋早期
1966年京山苏家垄出土
通高18~32.7、口径23.1~28.2厘米
湖北省博物馆藏

九鼎器型与纹饰基本相同，大小依次递减，均为附耳，蹄形足，腹外饰窃曲纹和弦纹各一周。最大的两件腹部内壁铸有铭文："曾侯仲子斿父自作宝彝"。1966年苏家垄出土的主要青铜礼器组合为九鼎八簋（实际出土少一簋）。

象首龙纹方甗

春秋早期
1966年京山苏家垄出土
通高52、口长36、口宽22.5厘米
湖北省博物馆藏

本件甑、鬲分体，甑底榫圈套入鬲口。甑，折沿斜壁，立耳。鬲，方附耳，四蹄足。甑底有24个长条箅孔。甑身饰象首龙纹、窃曲纹。鬲腹壁饰八个目纹。

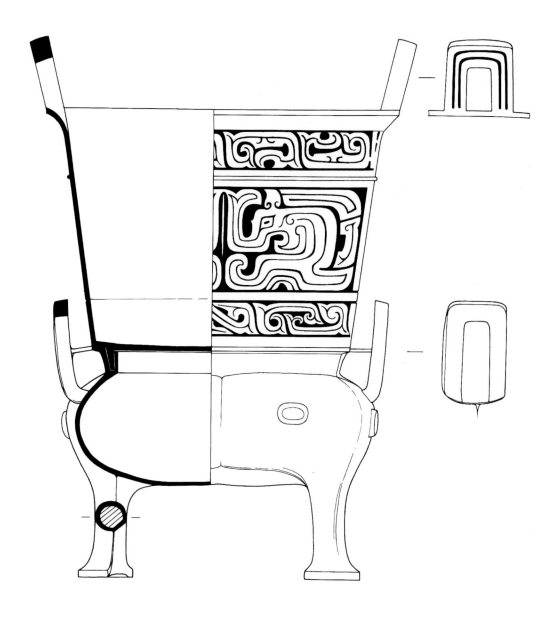

曾仲斿父壶

春秋早期
1966年京山苏家垄出土
通高66.7、口长23.1、口宽16.3厘米
湖北省博物馆藏

曾仲斿父壶出土两件，另一件现藏中国国家博物馆。本件器形厚重，呈椭方形。壶盖饰一周以镂空环带纹装饰的莲瓣，盖外壁饰窃曲纹。颈部设龙首耳，下附悬环。壶身饰三周环带纹，间以窃曲纹和空带。圈足以垂鳞纹为饰。壶身长颈垂腹，是典型的春秋早期形制。壶冠及颈内壁铸有铭文："曾仲斿父用吉金自作宝尊壶"。

环带纹虽也为春秋早期所流行，但一般施加在圆壶上，作为方壶装饰较为罕见。

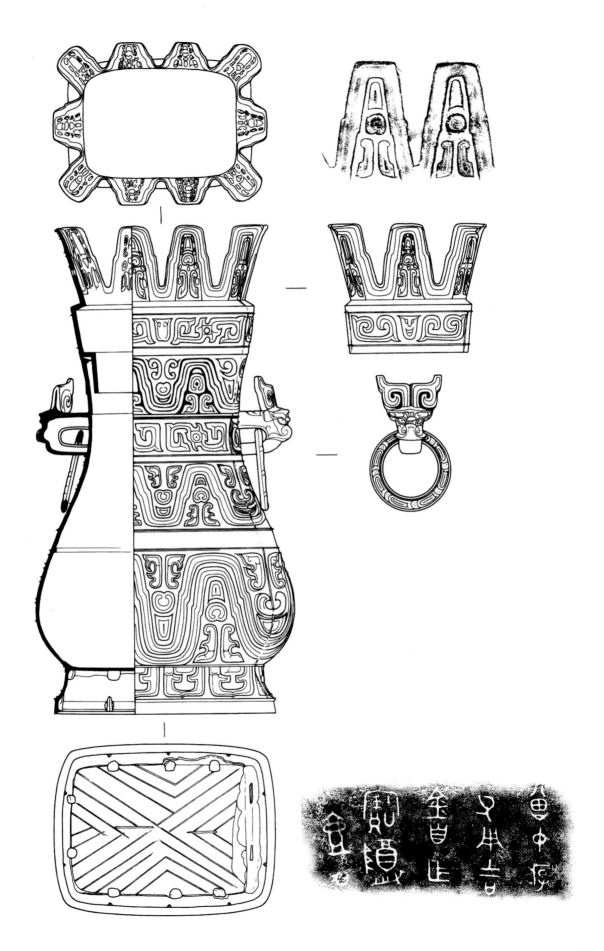

本件折沿，附耳，浅腹，平底，三足。
腹饰窃曲纹，圈足饰垂鳞纹，三足作兽
首形。

窃曲纹盘

春秋早期
1966年京山苏家垄出土
通高16.1、口径41.3厘米
湖北省博物馆藏

窃曲纹匜

春秋早期
1966年京山苏家垄出土
通高19.2、流口宽6.8厘米
湖北省博物馆藏

本件器口呈瓢形。前流后鋬，四足，鋬
作兽首形，上腹饰窃曲纹一道，下腹饰
瓦纹，三足作兽首形。腹部饰弦纹。

环带纹盉

春秋早期
1966年京山苏家垅出土
通高20.7、口径11.6厘米
湖北省博物馆藏

本件圆口，束颈，斜肩，浅鼓腹。独角兽首曲流，独角双耳兽首鋬，四扁足亦作兽首形。流及鋬饰三角云纹，器身上部饰象首龙纹，器身下部饰环带纹。

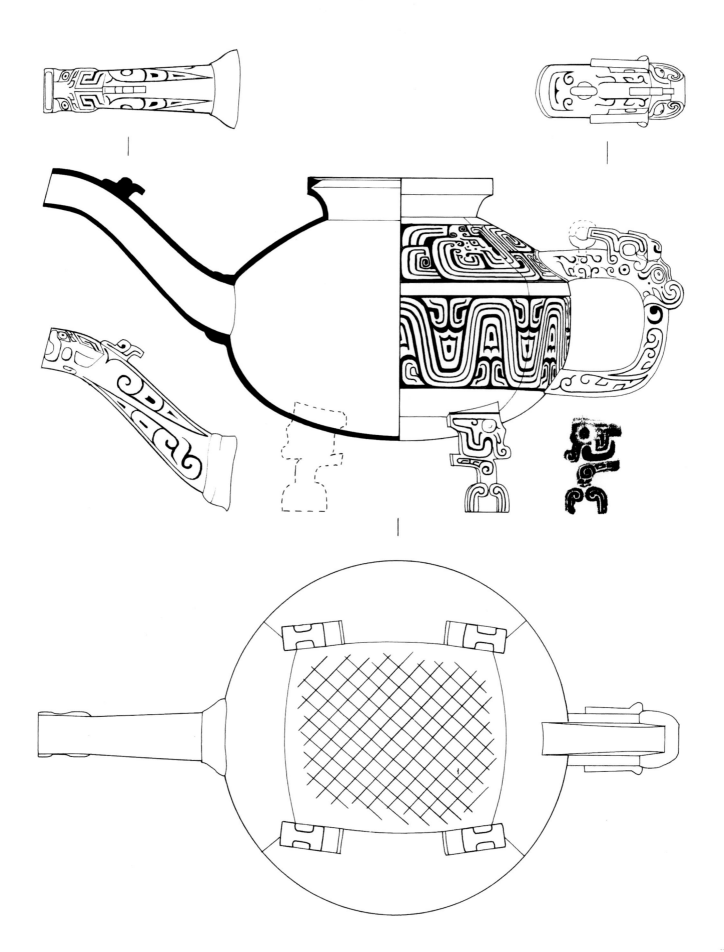

苏家垄79号墓全景

苏家垄88号墓全景

考古工作者在苏家垄遗址发现了曾伯桼（79号墓）及其夫人墓（88号墓），夫人墓出土铜壶的铭文与传世的曾伯桼簠内容一致。
苏家垄遗址还首次发现大规模曾国冶铜遗存，这些都证明了曾国负有为中央王朝打通东南地区以保证铜料供应的重要使命。

曾伯桼壶

春秋早期
2015年苏家垄88号墓出土
通高50.2、口径18.1厘米

本件器形高大厚重,子口承盖,盖顶有镂空莲瓣形冠,长颈两侧有龙首形耳,耳下垂环。腹部下垂,圈足外侈。盖沿饰一周窃曲纹。颈部和腹部间以一周窃曲纹带区隔。颈部饰一周环带纹,腹部饰两周环带纹。颈、腹部环带纹均在带间饰龙纹。圈足饰环带纹。纹饰边缘凸起,增强了其立体感和流动感。

铭文位于壶盖、壶腹内壁。壶腹铭文为:"唯王八月初吉庚午,曾伯桼哲圣孔武,孔武元犀,克逊淮夷,余温恭且忌,余为民父母。惟此壶章,先民之尚。余是楙是则,允显允异。用其镛镽,唯玄其良,自作尊壶,用孝用享于我皇祖,及我文考,用赐旬眉寿,子孙永宝。"盖部铭文与壶腹基本一致,较壶腹铭文首句"唯王八月"少一"王"字,最后少"子孙永宝"。

本件为陈介祺旧藏，仅存盖，双耳残断。盖体长方，直口，曲尺形足。器身饰蟠螭纹。内底铸有铭文："唯王九月初吉庚午，曾伯黍哲圣元武，元武孔鲁，克逊淮夷，抑燮繁阳，金道锡行，既具俾方。余择其吉金黄铝，余用自作旅簠，以征以行，用盛稻粱，用孝用享于我皇文考，天赐之福，曾泰遐丕黄耉，万年眉寿无疆，子子孙孙永宝用之享。"

曾伯黍簠盖

春秋早期
传世
通高9.9、口长32.8、口宽24.8厘米
中国国家博物馆藏

均川熊家老湾

　　熊家老湾位于今湖北省随州市均川镇均水之北的山地与坡地之间。1970年、1972年两次出土曾国青铜器。

曾伯文簋

春秋早期
1970年随州均川熊家老湾出土
通高22、口径18.5厘米
湖北省博物馆藏

　　本件敛口，鼓腹，圈足。盖顶提钮作喇叭形，螺角长舌兽首双耳，有珥，圈足下有三个兽面扁足。盖沿、器沿和圈足饰重环纹，盖顶及器腹饰瓦纹。盖、腹内均铸铭文："唯曾伯文自作宝簋，用赐眉寿黄耇，其万年子子孙孙永宝用享。"

曾伯文䍃

春秋
1970年随州均川熊家老湾出土
通高35.7、口径15.5厘米
湖北省博物馆藏

本件盖顶设蟠龙形捉手，肩部立有双耳，饰一周双首共身夔纹。器身颈部与腹部皆为素面，装饰风格较为朴素，但盖顶浮雕蟠龙造型生动，纹饰繁复。口沿上铸有铭文："唯曾伯文自作厥飤𬃳，用征行"。

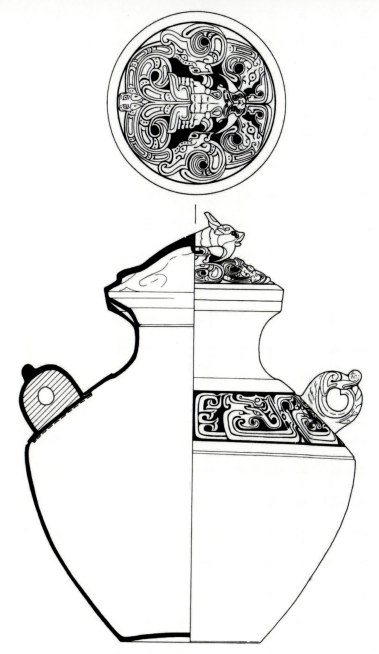

垂鳞纹方卣

春秋
1970年随州均川熊家老湾出土
通高33、口长12.7、口宽12厘米
湖北省博物馆藏

本件器、盖皆方，盖如四面坡屋顶形。颈两侧有环耳，腹部外鼓，圈足垂直。四周通体饰扉棱，盖饰变形夔纹，腹饰垂鳞，圈足饰横人字席纹。本件造型类似方彝，但从环耳推测，可能原有提梁，应该是青铜方卣最晚的样式。

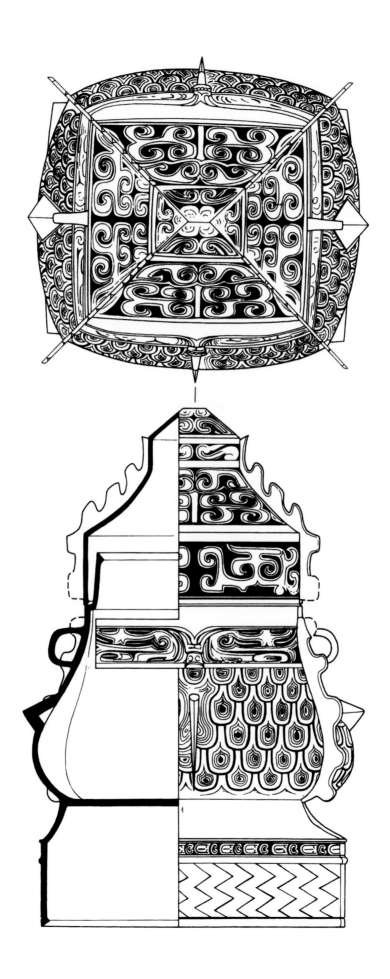

本件形制、纹饰与曾伯文簋相似，只是器盖、口沿上饰两周重环纹。盖内、腹内均有铭文："唯五月既生霸庚申，曾仲大父蠹廼用吉鎜，叙乃雒金，用自作宝簋。蠹其用追孝于其皇考，用赐眉寿黄耇霝终，其万年子子孙孙永宝用享。"

曾仲大父蠹簋

春秋早期
1972年随州均川熊家老湾出土
通高27、口径20.4厘米
湖北省博物馆藏

本件口沿外折，束腰平底，附耳，三蹄足。耳饰重
环纹，器身饰兽带纹、垂鳞纹。器底内铸铭文：
"佟叔之行鼎其永用之"。
此墓出土两件纹饰、形制相同的铜鼎，另一件作器
者为"盅叔"，应与本件铭文中的"佟叔"为同一
人。春秋早期曾国这种束腰平底鼎应是东周时期
楚墓常见的升鼎的早期形态。

佟叔鼎

春秋早期
1980年随州均川刘家崖出土
通高22、口径27厘米
湖北省博物馆藏

万店周家岗

1976年，农民在今湖北省随州市万店镇周家岗发现16件青铜器，推测为一座墓葬出土，年代当在春秋早期。

曾太保簋

春秋早期
1976年随州万店周家岗出土
通高25.9、口径20.2厘米
湖北省博物馆藏

本件失盖，双耳设兽首，三足造型特别，作象首形。器身口沿饰窃曲纹，腹部饰瓦纹，圈足饰垂鳞纹。器内壁及盖内均铸有铭文："曾太保□用吉金自作宝簋，用享于其皇祖文考，子子孙孙永用之"。
曾国"太保"铭文铜器还有传世的曾太保䜣叔盆，郭家庙墓地曹门湾墓区43号墓出土的曾太保发簋。曾国是目前唯一见太保铭文的诸侯国。

枣阳郭家庙墓地

郭家庙墓地位于湖北省枣阳市吴店镇东赵湖村，分布在两个相对独立的山岗上，北岗为郭家庙墓区，南岗为曹门湾墓区，总面积达120万平方米以上。2002年至2003年、2014至2015年，襄阳市文物考古队、湖北省考古研究所分两次对郭家庙墓地进行了发掘，共发掘西周晚期到春秋早期曾国墓葬134座、车马坑3座、车坑3座、马坑3座。

郭家庙是西周晚期到春秋早期曾国的重要政治中心。郭家庙墓地所发现的高等级墓葬及车马坑中出土的大量文物证实此时的曾国是国力强盛、文化发达的大国，与诸多汉水、淮河流域诸侯国来往密切。

郭家庙墓地的高级贵族墓葬

墓葬编号	墓主	对应夫人墓
郭家庙墓区60号墓		郭家庙墓区50号墓
郭家庙墓区21号墓	曾伯陭	郭家庙墓区52号墓
		郭家庙墓地17号墓
曹门湾墓区1号墓	曾侯绊伯	曹门湾墓区2号墓

曹门湾墓区

郭家庙墓区北发掘区

曹门湾墓区1号墓全景

曹门湾墓区车坑全景

曹门湾墓区1号墓椁室北部出土的簨虡

曾侯絴伯戈

两周之际
通长21厘米
1982年采集
枣阳市博物馆藏

曾伯陭钺

春秋早期
通长19.3、刃宽14.8厘米
2002年枣阳郭家庙墓地郭家庙墓区21号墓出土
襄阳市博物馆藏

器形完整，弧刃，身作卷云状，长骹中空，骹一侧中部有细长方形穿孔。长条形銎，銎横截面为方形，銎内残存木柲。
钺体正反两面沿刃部铸有铭文："曾伯陭铸戚钺，用为民（正面）刑，非历殷刑，用为民政（背面）"。
该墓早年被盗，本件为仅存的有铭文青铜器。台北故宫博物院藏有传世曾伯陭壶，与本件器主应为同一人。

台北故宫博物院藏曾伯陭壶（引自湖北省文物考古研究所编《曾国青铜器》）

金银合金虎形饰（2件）

春秋早期
2015年枣阳郭家庙墓地曹门湾墓区1号墓出土
通长12.4厘米
湖北省博物馆藏

虎身、足部、尾部均饰"S"形斑纹。虎身上共有9对穿孔，表明为器表装饰。据检测，系采用模锻成形工艺，其成分为金银合金，该材质多见于古代西亚等地区。

本件附耳，蹄足，口沿饰一周窃曲纹。器内壁铸有铭文："曾子𪇱自作行器，其永用之"。

曾子𪇱鼎

春秋早期
2015年枣阳郭家庙墓地曹门湾墓区10号墓出土
通高20.2、口径24厘米
湖北省博物馆藏

本件盖顶饰窃曲纹，盖器两侧均设龙形鋬，口沿下有一周曲折纹，盖壁、器身以双首共身龙纹为饰。盖器圈足饰简体龙纹。本组铜簠沿袭西周晚期旧制，盖、器呈斜壁，但纹饰为春秋早期所流行。

龙纹簠

春秋早期
2015年枣阳郭家庙墓地曹门湾墓区22号墓出土
通高18.8、口长29.8、口宽22.3厘米
湖北省博物馆藏

曾子伯旁晨壶

春秋早期
2015年枣阳郭家庙墓地郭家庙墓区86号墓出土
通高44.7、口径14.8厘米
湖北省博物馆藏

本组铜壶形制、纹饰相同，长颈垂腹，设兽首半环耳衔环。盖器饰环带纹和夔纹。圈足饰垂鳞纹。盖顶铸有铭文："曾子伯旁晨自作行器，其永祜福"。

本件宽折沿，联裆鼓腹，腹部凸出三扉棱，蹄足。腹部饰三组以扉棱为中心对称的卷体龙纹。口沿上铸有铭文："曾子旁晨行器"。

曾子伯旁晨鬲

春秋早期
2015年枣阳郭家庙墓地郭家庙墓区86号墓出土
通高13、口径12.7厘米
湖北省博物馆藏

编钮钟（10件）

春秋早期
2015年枣阳郭家庙墓地郭家庙墓区30号墓出土
通高13.5～24.5、通宽8.8～19.5厘米
湖北省博物馆藏

本组钮钟一套十件。铃呈合瓦形，立面呈上窄下宽的
梯形，平顶，顶上方有半圆形环状钮。下部敞口，缘
浅，铣平。器表正背面上部各饰一组对称的龙首纹构
成兽面，下部饰窃曲纹、卷云纹。
本组钮钟为目前所知年代最早、数量最多、音乐性能
成熟的编钮钟。这套编钮钟完整呈现了"徵、羽、
宫、商、角"即"五正声"的宫调系统新格局，是曾
侯乙编钟的先声。

先秦编钟骨干音列的演进略表

编钟	时代	骨干音列（即正鼓部音高序列）
河南安阳大司空312号墓编铙	商代晚期	羽(la)、宫(do)、角(mi)
山东青州苏埠屯8号墓编铙	商代晚期	羽(la)、宫(do)、角(mi)
湖北随州叶家山111号墓甬钟	西周早期	羽(la)、宫(do)、角(mi)、羽(la)
陕西宝鸡竹园沟伯各墓甬钟	西周早期	宫(do)、角(mi)、宫(do)
河南平顶山魏庄出土编钟	西周早期	角(mi)、羽(la)、宫(do)
陕西耀县丁家沟出土甬钟	西周中期	羽(la)、宫(do)、角(mi)、羽(la)
陕西扶风庄白1号窖藏甬钟	西周中期	羽(la)、宫(do)、角(mi)、羽(la)
晋侯苏钟II组	西周晚期	羽(la)、宫(do)、角(mi)、羽(la)、角(mi)、羽(la)、角(mi)、羽(la)
陕西宝鸡太公庙出土秦公钟	西周晚期	羽(la)、宫(do)、角(mi)、羽(la)、角(mi)
湖北枣阳郭家庙30号墓钮钟	春秋早期	徵(sol)、羽(la)、宫(do)、商(re)、角(mi)、羽(la)、宫(do)、商(re)、角(mi)、羽(la)
山西闻喜上郭210号墓钮钟	春秋早期	徵(sol)、羽(la)、宫(do)、商(re)、角(mi)、羽(la)、商(re)、角(mi)、羽(la)
山东长清仙人台6号墓钮钟	春秋中期	徵(sol)、羽(la)、宫(do)、商(re)、角(mi)、羽(la)、商(re)、角(mi)、羽(la)
河南郑州金城路I组钮钟	春秋中期	角(mi)、徵(sol)、羽(la)、宫(do)、商(re)、角(mi)、羽(la)、商(re)、角(mi)、羽(la)
江苏邳州九女墩3号墓钮钟	春秋晚期	徵(sol)、羽(la)、宫(do)、商(re)、角(mi)、羽(la)、商(re)、角(mi)、羽(la)
山东长清仙人台5号墓钮钟	春秋晚期	徵(sol)、羽(la)、宫(do)、商(re)、角(mi)、羽(la)、商(re)、角(mi)、羽(la)
湖北随州曾侯乙墓出土钮钟II、III	战国早期	宫(do)、商(re)、角(mi)、商角(#fa)、宫曾(bla)、商曾(bsi)、宫(do)、商(re)、角(mi)、商角(#fa)、宫曾(bla)、商曾(bsi)、宫(do)、商(re)
湖北枣阳九连墩2号墓钮钟	战国中期	商(re)、角(mi)、徵(sol)、羽(la)、宫(do)、商(re)、角(mi)、羽(la)、商(re)、角(mi)、羽(la)
重庆涪陵小田溪出土钮钟	战国晚期	羽(la)、宫(do)、商(re)、角(mi)、徵(sol)、羽(la)、宫(do)、商(re)、角(mi)、羽(la)、宫(do)、商(re)、角(mi)、羽(la)

郭家庙墓区86号墓出土的七弦琴

郭家庙墓区86号墓出土一件七弦琴。通长约91、宽约20厘米。整木斫成，琴面微起伏，髹黑漆，多已脱落。琴身包括琴箱和琴尾两部分。琴箱由面板和底板扣合而成，出土时散开为倾覆状。面板近似长方形盒，长52.5、宽20、高2.5厘米，束腰处宽18厘米。面板长11厘米，上斜嵌首岳，过弦压痕明显。首岳下方由侧板隔出轸室，首岳外侧无承露，有弦孔若干通轸室，轸室外侧开放无侧板。未发现琴轸。底板残，亦为长方形盒。

琴尾狭薄，为厚薄不均的不规则长条形板与棒的组合，长38.5、最宽处7.0厘米，棒径2厘米。棒尾设龙龈，长径6、短径3.5厘米，棒下有一榫眼，口径长2.5、宽1厘米，为雁足所设，均起承弦、固弦以及稳定琴身的作用。龙龈有较深的过弦痕迹。

与该琴同出有瑟2件。琴与瑟的配合使用，必须有精确的统一音高标准的方法，才能保证和谐。此墓的琴瑟乐器组合证明了春秋早期已经有应用律学的实践。虽然半箱琴没有后世的琴徽，但其基本结构已经发育得很成熟。由于在弦乐器上长期的散音、泛音的演奏实践，人们能够养成对八度、五度、三度的精准听觉，从而通过一定的方式去追求音高的精准度。正因为如此，从西周晚期开始，青铜钟等铃属乐器的音高越来越准确，音列越来越丰富。

考古出土的早期琴

	时期	通长（厘米）	最宽（厘米）	弦数（根）
郭家庙86号墓琴	春秋早期	91	20	7
随县曾侯乙墓琴	战国早期	67	19	10
荆门郭店1号墓琴	战国中期	82.1	13.5	7
枣阳九连墩1号墓琴	战国中期偏晚	73.3	25	10
长沙五里牌3号墓琴	战国晚期	79		9（或10）
长沙马王堆3号墓琴	西汉初期	81.5	12.6	7

龙纹器座

春秋早期
高22、底边长24、宽23.6厘米
2002年枣阳郭家庙墓地郭家庙墓区17号墓出土
襄阳市博物馆藏

平面方形，内空，底直口方唇。器身上部呈四面坡状，正中有一方形插孔，近錾口处有两个半圆形对穿销孔。器分成上、中、下三层，饰不同纹样，上层四面各饰一组蛇云纹、卷云纹；中层四周各一组对称斜角云纹；下层变形龙纹。每面中部有一长方形穿孔。

鸟形首筒帽

春秋早期
通高28、杆径3.1厘米
2002年枣阳郭家庙墓地郭家庙墓区17号墓
襄阳市博物馆藏

本件銎口圆形，杆上端封闭，置鼓形帽，
帽顶端立一鸟。杆素面，鼓形帽饰云纹，
鸟为尖喙、昂首、翘尾，双目饰日纹，鸟
身饰云纹。本件应与龙纹器座为同一器物
的顶与底座。

曾国与其他诸侯国的关系

青铜器铭文蕴含着大量历史信息，常与历史文献互相补充印证。春秋早期的曾国墓地出土了大量铭文青铜器。通过对铭文的解读，与文献的记载，可知曾国与汉水、淮河流域的黄、邓等诸侯国保持着紧密的关系。

曾侯作叔姬簠铭文拓片

释文：叔姬霝迏黄邦，曾侯作叔姬邛芈媵器簠彝，其子子孙孙其永用之。

此器已经佚失，铭文（《殷周金文集成》4598）说明此器为曾国女子嫁往黄国而作的媵器。

黄季嬴鼎

春秋早期
1972年随州均川熊家老湾出土
通高32.7、口径31厘米
湖北省博物馆藏

本件方唇，折沿，立耳，圜底。腹部饰两周窃曲纹，鼎耳饰重环纹。内壁铸有铭文："黄季作季嬴宝鼎，其万年子孙永宝用享"。

黄国为嬴姓诸侯国，位于今河南省潢川县附近。春秋时期，曾国与黄国关系密切，曾国墓地常出土黄国青铜器，本件可能是黄国女子嫁到曾国的陪嫁品。

黄朱栢鬲

春秋早期
1966年京山苏家垄出土
通高11、口径14厘米
湖北省博物馆藏

本件宽折沿，束颈，三袋形足。颈部饰重环
纹，鬲足有一凸饰。口沿铸有铭文："唯黄
朱栢用吉金作鬲"。本件可能是黄国女子嫁
到曾国的陪嫁品。

本件长方形，矮直口，平折沿，方唇，腹壁斜直内收，平底，方圈足。腹部两侧有一对半圆形耳，圈足四面中部各有一长方形豁口。腹壁四面饰长鼻连体龙纹，双耳饰龙首纹，圈足饰垂鳞纹。内底铸有铭文："曾孟嬴剐自作行簠，则永祜福。"本件可能是是嫁到曾国的黄国嬴姓女子所作之器。

曾孟嬴剐簠

春秋早期

通高18、口长28、宽23.4厘米

2002年枣阳郭家庙墓地郭家庙墓区1号墓出土

襄阳市博物馆藏

本件敞口折沿，附耳，圆底，蹄足。上腹部饰窃曲纹，下腹部饰垂鳞纹，鼎耳饰重环纹，腹内壁有铭文："郎君鲜作其鼎，其万年无疆，子孙永用之，其或隹□则明□之"。"君"是淮河流域诸侯国国君的常见称谓。郎不见于文献记载，可能也是淮河流域的小国。

郎君鲜鼎

春秋早期
2015年枣阳郭家庙墓地曹门湾墓区22号墓出土
通高24.5、口径30.4厘米
湖北省博物馆藏

旁伯盘

春秋早期
2015年枣阳郭家庙墓地曹门湾墓区22号墓出土
通高13.2、口径39.3厘米
湖北省博物馆藏

本件设方形附耳，圈足下有三扁足。器耳饰重
环纹，口沿下装饰一周三角形云纹，圈足以垂
鳞纹为饰。器内底铸有铭文："唯旁伯贝懋自
用其万年子孙永宝盘，自作宝，永用享"。
旁伯可能是房国国君。房国为汝南小国，位于
今河南遂平县一带。

本件前有槽形流，后有卷尾龙形鋬，下设四足。口沿及流下饰双身龙纹，下腹饰瓦纹，四足上部饰龙纹。

龙纹匜

春秋早期
2015年枣阳郭家庙墓地曹门湾墓区22号墓出土
通高17.6、流口宽5.2厘米
湖北省博物馆藏

幻伯佳壶

春秋早期
2002年枣阳郭家庙墓地郭家庙墓区1号墓出土
通高47.6、口径17厘米
襄阳市博物馆藏

壶身椭方体，尖唇，长颈，颈部
有对称贯耳，垂腹，平底，高圈
足。有盖。盖冠、深子口，盖冠
作长方形围栏状。壶身颈部和圈
足各饰一周较窄的带状纹。腹部
饰三横四纵呈十字交叉状的宽带
纹。盖子口外壁和器身颈部内壁
铸有相同的铭文："幻伯佳作鹩
宝壶，其万年子孙用之"。
有学者释幻为弦，弦为淮河流域
小国，位于今河南光山、罗山、
息县交界一带，公元前655年为
楚成王所灭。

食器。敞口，折沿，方唇，圜底，附耳，三蹄形
足。口沿下饰一周窃曲纹。鼎腹内壁铸有铭文：
"曾亘嫚非录为尔行器，尔永祜福"。
嫚为邓国族姓，本件是嫁到曾国的邓国女子所作
之器，其夫谥为"桓"。

曾亘嫚鼎

春秋早期
2002年枣阳郭家庙17号墓出土
高24.8～26、口径28.4～31.8厘米
襄阳市博物馆藏

第四单元

左右楚王

　　春秋中晚期之后，随着楚国的扩张，曾国的疆域集中到今随州城区一带。楚墓出土的曾国青铜器、曾侯乙墓中的"楚王熊章镈"都证明此时的曾国已成为楚国的盟国。2009年以来，考古学家在随州义地岗墓群进行了大规模考古工作，发现了文峰塔、枣树林墓地等，为复原曾国历史提供了新的线索，证明了曾国即是随国，揭示了曾国从"左右文武"到"左右楚王"的历史转变过程。

楚墓出土曾国青铜器

河南淅川和尚岭和徐家岭、上蔡郭庄、湖北襄阳梁家老坟等地的楚墓中出土了不少曾国青铜器。这证明春秋中晚期后，曾国与楚国有着密切的政治关系。

曾仲伈君膌方座器

春秋晚期
1990年淅川和尚岭2号墓出土
通高22、边长19厘米
河南博物院藏

本件底面为正方形，四面作弧形向上内收，平顶上有立管，管下段为正方形，上段为八棱形。中部有两个对穿方孔用于插销钉。方座四面上部饰凤纹，下部饰龙纹，中央饰一涡纹。座顶四面各铸铭文2字，连读为："曾仲伈君膌之祖埶。"

伈即是文献中的楚国贵族鄩氏，本件为嫁到曾国的鄩氏女子所作之器。这种方座器多出土于女性墓葬，有学者认为其功能与镇墓兽有关。

曾侯舆盥缶

战国早期
2005年河南上蔡郭庄楚墓出土
通高39.4、口径23.6厘米
河南博物院藏

本件为盖母口，正中有圆形镂空龙纹捉手；器身
子口，直颈，圆肩，肩上有一对兽首状耳，内套
活环，环中套链，鼓腹下收，平底，矮圈足。盖
顶与器身用镶嵌红铜工艺分层满饰涡纹、几何纹
与对龙纹等。盖内、颈部分别铸有铭文"曾侯舆
之御缶"。

本件长援有脊，阑侧有两个长方形穿及一个半圆形穿，内上有二穿。内上饰错金云纹。援及胡部有错金鸟篆纹铭文："曾侯戉之用戈"。本件出自楚墓之中，曾侯戉应为春秋晚期的一位曾侯。

文峰塔墓地

　　文峰塔墓地位于属于义地岗墓群。西距　水与涢水交汇处约2900米，南距涢水约1400米。2009年以来在此发现了曾侯與墓等曾国墓葬。2012年7月至2013年1月，考古工作者又在此发掘了东周曾国墓葬54座、车马坑2座和马坑1座，出土一千余件套文物，部分铜器有"曾""曾子""曾孙"等铭文，年代在春秋中晚期至战国中晚期。

奇鼎

春秋晚期
2012年随州文峰塔29号墓出土
通高28、口径36.5厘米

本件侈口，平底，束腰，双耳外撇。腹上部饰连续式的卷龙纹，下部饰三周垂鳞纹，中间以凸棱相隔。内底铸有铭文："奇之升鼎。"器身上的垂鳞纹多见于西周晚期到春秋早期的青铜器。

奇簋

春秋晚期
2012年随州文峰塔29号墓出土
通高31.4、口径23.5厘米

本件盖顶设花瓣形捉手，侈口，颈部微束，两耳残断，圈足下设方座。器盖近口沿处饰一周卷龙纹。器身颈部以浮雕兽首为中心，饰一周粉曲纹，腹部和方座饰波曲纹。器内壁铸有铭文："奇之祭簋"。本件带方座的造型模仿了西周早期铜簋，但环带纹则是西周晚期铜鼎、铜壶上常见的纹饰。

本件腹部设四个环耳，其中左右两环耳下
有衔环。口沿下饰一周重环纹，腹部饰蟠
螭纹。三足纹饰不清。

蟠螭纹盘

春秋晚期
2012年随州文峰塔35号墓出土
通高8.2、口径35.9厘米

兽面纹匜

春秋晚期
2012年随州文峰塔35号墓出土
通高11.9、通长18.8厘米

本件器身呈桃形，短流封口，流饰以兽
面纹，设浮雕兽首鋬，腹部口沿下饰蟠
螭纹。

本件盖顶有盘状形捉手，附耳，蹄足，圜底。盖面及器身口沿下饰蟠螭纹,纹饰不甚清晰。

蟠螭纹铜鼎

春秋晚期
2012年随州文峰塔35号墓出土
通高25.2、口径22.2厘米

"穆穆曾候"甬钟

春秋晚期
2011年随州文峰塔4号墓出土
通高43.4、铣间19.5厘米
随州市博物馆藏

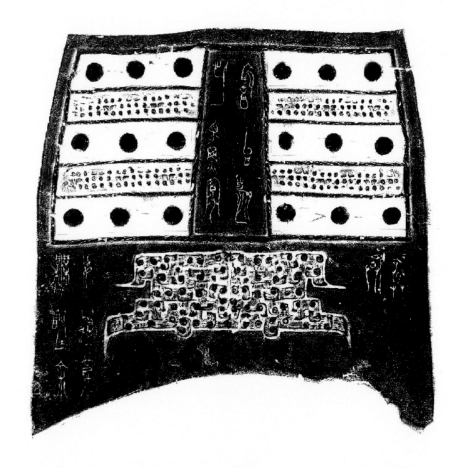

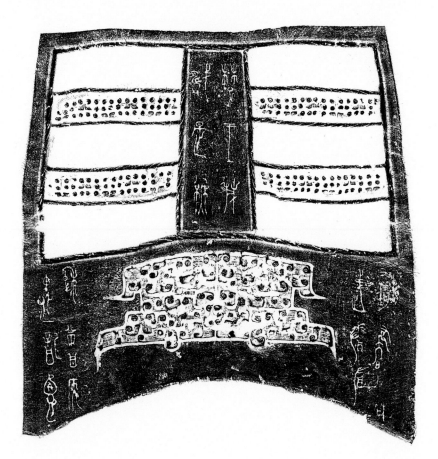

本件身为合瓦形，钟口略大而舞部稍小。舞部正中有细长甬，甬作八棱形，上细下略粗。甬下部附有一圈旋，旋作环带状，旋一侧上附有长方形幹，幹中有长方孔便于穿绳悬挂。钲四周界以绚索纹，正反面篆间各饰柱状枚9个。甬体满饰蟠虺纹，间饰细密几何纹。带状旋上间饰圆涡纹4个，间饰几何纹；幹饰细密蟠虺纹，舞部及篆带饰蟠虺纹。

甬钟正反两面的钲部、左鼓和右鼓皆铸有铭文："……徇骄壮武，左右（以上背面右鼓）楚王，弗讨是许（以上背面钲部），穆穆曾侯，畏忌温（以上背面左鼓）恭，□□□□□（以上正面右鼓）命，以忧此鳏寡（以上正面钲部），绥怀彼无□，余（以上正面左鼓）……"语意未完，大意是曾侯辅佐楚王，敬畏天命，温和恭谦，忧爱国中鳏寡孤独。

曾侯與甬钟

春秋晚期
2009年随州文峰塔1号墓出土
修复后通高112.6、铣间53.5厘米
湖北省博物馆藏

曾侯與编钟现存8件。本件为2号，出土时已残，后经修复，另有一背面左鼓部分残片为私人收藏。钟体为合瓦形，铣边有棱，平舞，旋上有浮雕蟠螭纹的圆泡形四乳。幹作方形钮状。甬体中空，甬、旋、幹、舞均饰浮雕繁密蟠螭纹。钟体上以绚索纹凸棱为界框，篆带饰浮雕蟠螭纹，枚带无纹。全钟正背面共12个枚带36个枚。鼓部饰有蟠螭纹构成的浮雕龙纹。

本件铭文与1号甬钟基本相似，行款略有不同，可据1号甬钟补足。曾侯與编钟的长篇钟铭叙述了曾侯與的祖先以及曾国与周、楚的关系。根据铭文记载，曾国始祖为南宫适，因为辅佐周文王、武王伐殷有功，被分封到江汉地区以镇抚淮夷。《左传》记载的"吴师入郢""昭王奔随"也可以与铭文的"吴恃有众庶，行乱""复定楚王"等内容对照。

2号甬钟铭文

正面钲部铭文：惟王正月，吉日甲午，曾侯與曰：伯适上庸，左右文武

正面左鼓部铭文：挞殷之命，抚定天下。王遣命南公，营宅汭土，君庇淮夷，临有江夏。周室之既卑

背面右鼓部铭文：吾用變就楚

背面钲部铭文：厥圣。亲搏武功，楚命是静。复定楚王。曾侯之灵，穆穆曾

反面左鼓部铭文：侯，庄武畏忌，恭寅斋盟。代武之表，怀燮四方。余申固楚城，改复曾疆。择台吉金，自作宗

正面右鼓部铭文：彝，穌钟鸣皇，用孝以享于台皇祖，以祈眉寿，大命之长，其纯德降余，万世是尚。

1号甬钟铭文摹本

正面钲部铭文　　　　　　　　正面左鼓部铭文　　　　　　　　反面右鼓部铭文

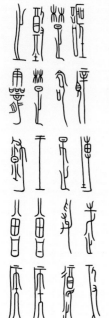

反面钲部铭文　　　　　　　　反面左鼓部铭文　　　　　　　　正面右鼓部铭文

释文：惟王正月，吉日甲午，曾侯舆曰：伯适上庸，左右文武，挞殷之命，抚定天下。王遣命南公，营宅汭土，君庇淮夷，临有江夏。周室之既卑，吾用燮就楚。吴恃有众庶，行乱，西征，南伐，乃加于楚。荆邦既变，而天命将误。有严曾侯，业业厥圣。亲搏武功，楚命是静。复定楚王，曾侯之灵。穆穆曾侯，庄武畏忌，恭寅斋盟，代武之表，怀燮四方。余申固楚成，改复曾疆。择台吉金，自作宗彝，龢钟鸣皇，用孝享于台皇祖，以祈眉寿，大命之长，其纯德降余，万世是尚。

曾侯丙墓

　　文峰塔18号墓的墓主为曾侯丙，其年代略晚于曾侯乙墓。墓坑平面呈亚字形，墓坑南部有一长方形阶梯墓道，残长6.6米，共有15级阶梯。墓口长约16.6米，宽约15.6米，深约9米，墓坑四周设有三级台阶。葬具为木质一椁三棺。椁室呈"中"字形，分东、南、西、北、中五室。仅东室未被盗掘，出土有70余件铜器。在其亚形的东西北三面还各有一个方形附坑，这一墓葬形制为过去所不见。

文峰塔18号墓（曾侯丙墓）全景

本件由鉴、缶两件器物组成，有冰酒、温酒的双重作用。
四只龙形爬兽攀附于圆鉴上。器身满饰错金三角勾连云
纹，并镶嵌绿松石，装饰风格繁缛。鉴盖附两个提环，饰
镂空蟠螭纹。缶放置于鉴内正中，器身满布错金三角勾连
云纹，镶嵌的绿松石多已脱落。缶盖有一盘形捉手，器身
两侧设铺首衔环。
本件装饰精美、扣合严密，体现了战国时期高度发达的青
铜器铸造、装饰工艺水平。

错金云纹鉴缶

战国中期
2012年随州文峰塔18号墓出土
缶通高29.2、口径9.5厘米，鉴通高27、口径45.7厘米

文峰塔18号墓东室

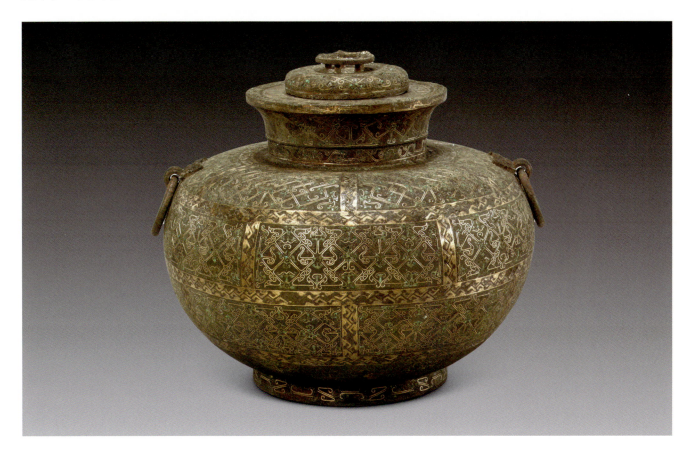

环带纹方壶

战国中期
2012年随州文峰塔18号墓出土
通高64.4厘米

本件器盖饰一周莲瓣，其下饰
蟠螭纹。颈部设兽首半环耳衔
环，饰交缠龙纹。器身施以环
带纹。圈足饰蟠螭纹，纹饰不
甚清晰。本件造型纹饰仿西周
铜壶，但铸造较粗糙。

蟠螭纹镬鼎

战国中期
2012年随州文峰塔18号墓出土
通高63、口径59.8厘米

本件器型厚重，附耳，蹄足。双耳及器身口
沿下饰蟠螭纹。腹部凸棱上设有两环。三足
饰浮雕兽首。

汉东东路墓地

汉东东路墓地与枣树林墓地、文峰塔墓地同属于义地岗墓群，2017年以来，这里的曾国考古工作取得了重大进展。

2017至2018年湖北省文物考古研究所在汉东东路墓地发掘春秋时期墓葬32座，马坑2座，出土青铜礼器400余件，其中有铭文铜器达140余件，铭文有"曾公""曾侯""曾叔孙""曾叔子"等。其中129号墓出土了"曾公"铭文编钟一套20件（镈钟4件、甬钟16件）、编磬2套，墓主为春秋中期曾国国君曾侯得。

汉东东路墓地的发掘成果填补了春秋中期曾侯世系的空白，为研究曾国宗法制度提供了新材料。

汉东东路110号墓全景

汉东东路118号墓全景

汉东东路129号墓出土编钟

枣树林墓地

2018至2019年，湖北省文物考古研究所在枣树林墓地发掘土坑墓54座，马坑、车马坑7座，发现了曾公畎及其夫人渔、曾侯宝及其夫人芈加墓。

墓地发现铜礼乐器铭文6000余字，是迄今考古发现最大的一批金文资料，其中曾公畎单件铸钟铭文达312字，为春秋时期单件铭文最长铜器。这些铭文内容与叶家山墓地南公铜簋、文峰塔墓地曾侯與甬钟、苏家垄墓地曾伯桼铜器铭文相印证，再一次证明曾国为西周早期南公的封国，负有镇服淮夷、经略江汉和控制铜矿资源的使命，为周王朝对南方的开发和经营提供了确凿的考古新材料，对研究"金道锡行"等重大学术问题提供了新线索。

枣树林墓地所见曾侯及夫人

曾侯墓	墓主	夫人墓	墓主
168号墓	曾侯宝	169号墓	芈加
190号墓	曾公畎	191号墓	渔

枣树林墓地190号墓（曾公畎墓）椁室

枣树林墓地190号墓出土铜编钟

曾公㻛镈（M190：35）铭文摹本

释文：唯王五月吉日丁亥，曾公㻛曰：昔在台丕显高祖，克仇匹周之文武。淑淑伯适。小心有德。召事一帝，迵怀多福。左右有周，□神其圣。受是丕窬，丕显其灵，蔺匋祗敬。王客我于康宫，乎厥命。皇祖建于南土，蔽蔡南门，誓应京社，适于汉东。南（"南"字漏刻，据甬钟铭文补）方无疆，涉征淮夷，至于繁阳。曰：昭王南行，舍命于曾，成成我事，左右有周，赐之用钺，用征南方。南公之烈，吾圣有闻，陟降上下，保敔子孙。曰：呜呼！忧余㻛小子，余无谤受，肆余行台恤，卑台千休，偶天孔惠，文武之福，有成有庆，福禄日至，复我土疆，择其吉金镐铝，自作稣镈宗彝，既淑既平，终稣且鸣，以享于其皇祖南公，至于桓庄，以祈永命，眉寿无疆，永保用享。

楚王媵随仲芈加鼎

春秋中期
2013年征集
通高41、口径32.5厘米
湖北省博物馆藏

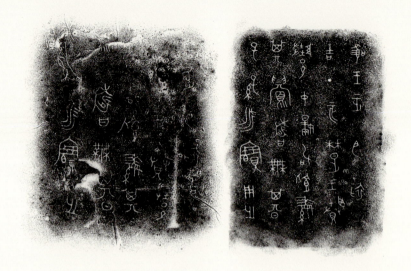

本件盖顶有盘状捉手，盖及上腹饰蟠虺纹，腹中部有凸起绚纹一周，其下饰三角纹。器内、盖内铸有相同的铭文："唯王正月初吉丁亥，楚王媵随仲芈加飤繁，其眉寿无期，子孙永宝用之"。证明此鼎是楚王为嫁到随国的女子芈加所作。

本件是罕见的"随"字铭文铜器，但并非科学发掘出土。芈加墓即2019年发掘的随州枣树林墓地190号墓，出土铜器铭文证明芈加为曾侯宝夫人，这是曾随一国两名的铁证。

曾侯乙墓

    1978年，考古工作者在湖北省随县（今随州市区）擂鼓墩发现了举世闻名的曾侯乙墓（擂鼓墩1号墓），其墓主曾侯乙为2400多年前的曾国国君。1982年又在附近发现了擂鼓墩2号墓，墓主可能是曾侯乙夫人。

曾侯乙墓发掘现场

曾侯乙墓出土铭文铜戈、铜戟

	戈（件）	戟（套）
曾侯乙	38	2
曾侯邸	7	11
曾侯與		5
畧	2	
鄝君		1
析君墨脅		1
错金鸟篆文	1	

曾侯乙墓中所见的曾侯
曾侯乙墓中不仅出土了"曾侯
乙"铭文青铜器，在戈、戟等
兵器上还能见到"曾侯邸""曾
侯與"铭文。他们都是曾侯乙
的先君。

曾侯乙戟

战国早期
上戈通长25.4厘米，中戈通长16.8厘米，下戈通长15.6厘米
1978年湖北随州曾侯乙墓出土
湖北省博物馆藏

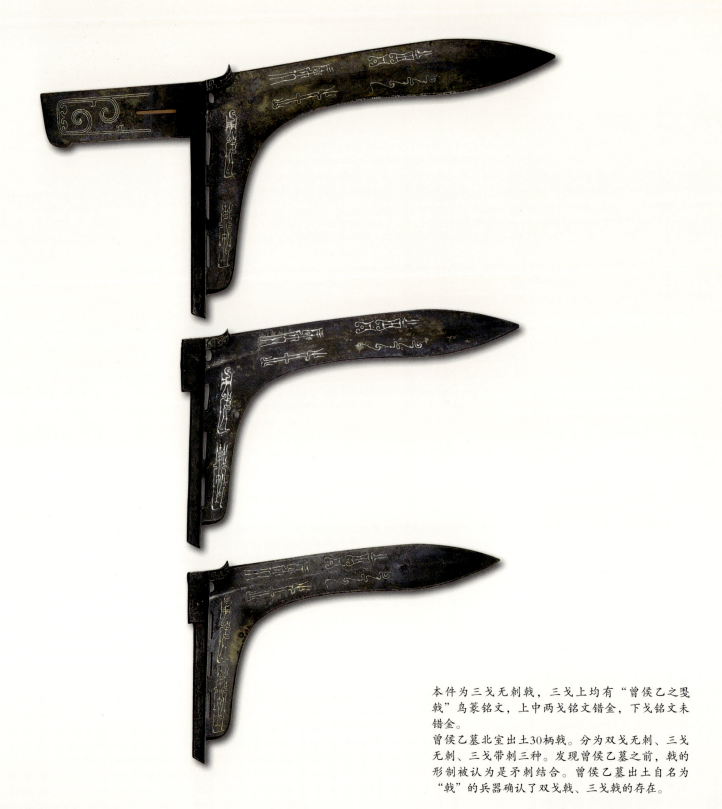

本件为三戈无刺戟，三戈上均有"曾侯乙之寝戟"鸟篆铭文，上中两戈铭文错金，下戈铭文未错金。

曾侯乙墓北室出土30柄戟。分为双戈无刺、三戈无刺、三戈带刺三种。发现曾侯乙墓之前，戟的形制被认为是矛刺结合。曾侯乙墓出土自名为"戟"的兵器确认了双戈戟、三戈戟的存在。

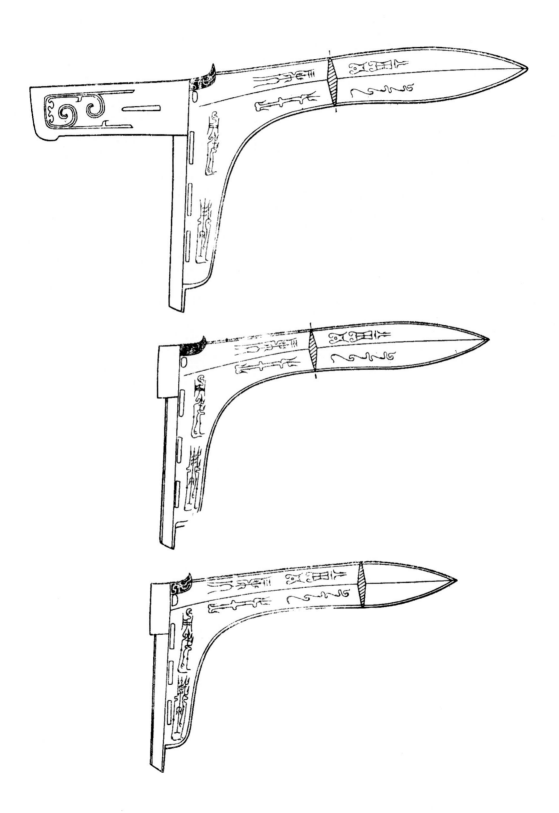

曾侯郯戈

战国早期
通长21.9厘米
1978年湖北随州曾侯乙墓出土
湖北省博物馆藏

本件铸有"曾侯郯作持"铭文。曾侯郯
应为曾侯乙的先君。

曾侯與戟

春秋晚期
上戈通长24厘米，下戈通长16.3厘米
1978年湖北随州曾侯乙墓出土
湖北省博物馆藏

本件为双戈无刺，上戈上有"曾侯屙
之用戟"铭文，下戈上有"曾侯□□
戈"铭文。

铜尊颈部刻有铭文："曾侯乙
作持用终"。铜盘底部原有
"曾侯與"铭文，曾侯乙磨错
掉原来的铭文，改刻为"曾侯
乙作持用终"。

曾侯乙尊盘

战国早期
尊通高30.1厘米
盘通高23.5厘米
1978年湖北随州曾侯乙墓出土
湖北省博物馆藏

楚王熊章镈

战国早期
通高92.5厘米
1978年湖北随州曾侯乙墓出土
湖北省博物馆藏

楚王熊章镈位于曾侯乙编钟的下层中间，钲部铸有铭文："唯王五十又六祀，返自西阳，楚王熊章作曾侯乙宗彝，奠之于西阳，其永持用享"。"楚王熊章"即楚惠王，"王五十又六祀"即楚惠王五十六年（公元前433年）。宋代《历代钟鼎彝器款识法帖》著录的"曾侯钟"铭文与本件铭文基本相同，说明楚惠王为曾侯乙所作的钟不止一件，但本件随曾侯乙编钟下葬。

曾侯乙编钟

第五单元

华章重现

　　2019年在日本拍卖会上出现一组非法从我国出境的"曾伯克父"青铜礼器。我国政府立即启动流失文物追索行动。在外交努力与刑事侦查合力推动下，曾伯克父青铜组器终于回到祖国的怀抱。

　　曾伯克父青铜组器，是我国近年来在国际文物市场成功制止非法交易、实施跨国追索的价值最高的一批回归文物。

本件上腹饰重环纹，其下有一周凸棱，下腹部素面无纹。器底有烟炱痕迹。器内壁铸有铭文："伯克父甘娄乃执干戈，用伐我仇敌，乃得吉金，用自作宝鼎，用享于其皇考，用赐眉寿黄耇，其万年子子孙孙永宝用享"。意为伯克父甘娄用讨伐仇敌所得的吉金制作了此鼎，用以祭祀祖先，祈求长寿。

曾伯克父鼎

春秋早期
2019年追索回国
通高28.9、口径24.5厘米

本件器身两侧有双兽耳，圈足下设三曲状龙足。盖顶中心饰凤鸟纹，外有一周勾连纹。盖器口沿饰窃曲纹，盖顶、器身饰瓦纹，圈足饰垂鳞纹。盖内壁及器底均铸有铭文："唯曾伯克父甘娄自作大宝簋，用追孝于我皇祖文考，曾伯克父其用受多福无疆，眉寿永命，黄耇需终，其万年子子孙孙永宝用"。"曾伯克父甘娄"为作器者，其中"曾"是国名，"伯"表排行，"克父""甘娄"分别为字与名。

曾伯克父簋

春秋早期
2019年追索回国
通高26、口径18.5厘米

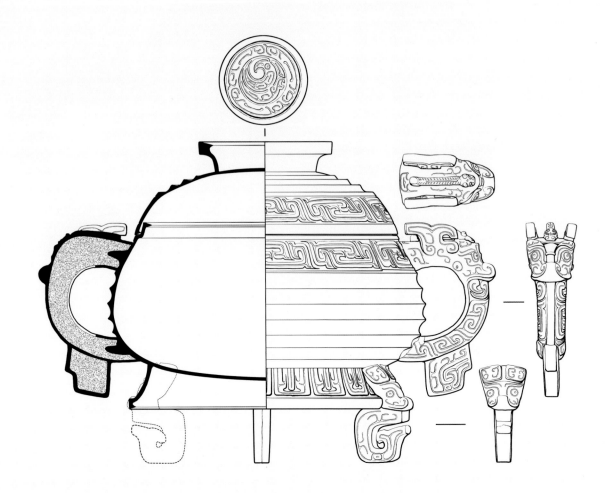

曾伯克父甗

春秋早期
2019年追索回国
通高42.5、口径32厘米

本件甗、鬲分体。上部为甑，附耳，口沿下及底部以窃曲纹装饰。下部为鬲，附耳与器身有连接梗，三足作象首形。器底有烟炱痕迹。内壁铸有铭文："唯曾伯克父甘娄乃用作旅甗，子孙永宝"。

曾伯克父盨（2件）

春秋早期
2019年追索回国
通高19、口长33、口宽19厘米

两件簋形制、纹饰基本相同。盖顶有四纽，腹部立有两兽形耳。盖顶部饰夔龙纹，盖器口沿饰窃曲纹，盖顶、器身下腹部装饰瓦纹，圈足以垂鳞纹为饰。盖及内壁均铸有铭文："唯曾伯克父甘娄乃用作旅簋，子孙永宝"。

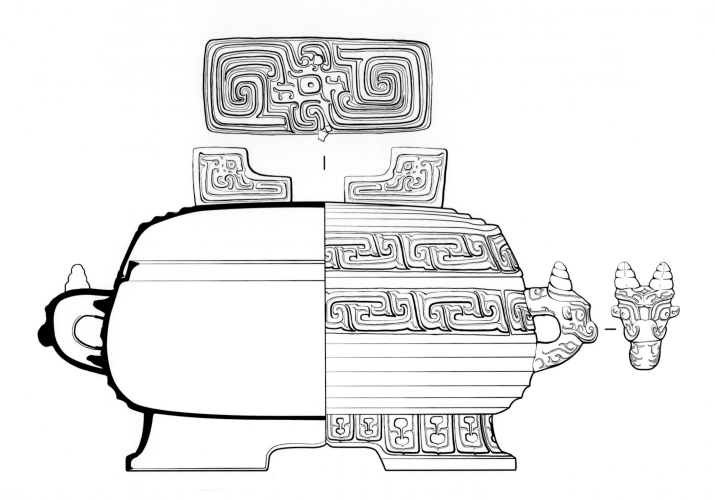

曾伯克父罍

春秋早期
2019年追索回国
通高35.4、口径12.9厘米

本件侈口，方唇，束颈，溜肩，肩上有对称的半环耳一对，鼓腹、凹底。纹饰装饰简约而富有艺术感。长颈光素无纹，仅以一条凸棱分隔。肩部设半环耳一对。器身饰大面积的平行竖线纹，并以三角纹交错其中。颈部凸棱下铸有铭文："曾伯克父自作饙鑐"。类似纹饰和形制的鑐此前曾出土于随州均川熊家老湾、烟台上夼村和莱阳中荆乡河前村。

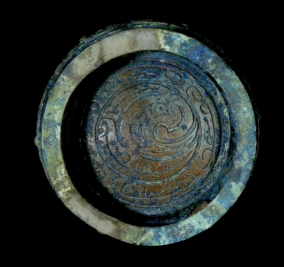

曾伯克父壶（2件）

春秋早期
2019年追索回国
通高33、口径12.1厘米

两壶形制、纹饰基本相同。盖顶有捉手，束颈，垂腹。盖顶中心饰凤鸟纹。壶盖饰垂鳞纹与窃曲纹。壶身从上至下皆以纹饰带装饰，层次分明。颈部饰波曲纹与窃曲纹，肩腹部饰瓦纹、窃曲纹与蝉纹。圈足饰垂鳞纹。盖内及器身口沿内均铸有铭文："唯曾伯克父自作宝飤壶，用介眉寿黄耇，其万年子孙永宝用"。

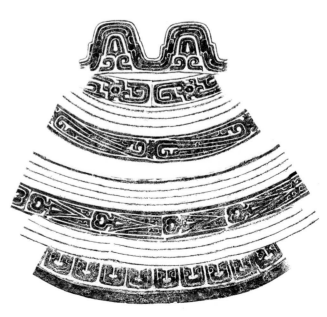

后　记

　　2020年初，新冠肺炎疫情席卷武汉乃至整个湖北。疫情爆发后，在刘玉珠局长、宋新潮副局长、关强副局长的关心指导下，国家文物局想方设法克服各种困难，调集了大量防护物资支援我馆。上海博物馆、海南省博物馆、福建博物院等兄弟单位捐赠了口罩、蔬菜等物资，向我馆传递了共克时艰的温暖与精神支撑，感动和激励着我馆每一位工作者。

　　英雄的湖北经过新冠疫情大考，因时因势、有序重启，充满了生机和希望，本馆6月14日恢复对外开放，并于9月举办了"华章重现——曾世家文物特展"，展示自曾侯乙墓发掘以来的、包括近年来引起广泛关注的叶家山、郭家庙、文峰塔等重大发现在内的曾国考古成果。

　　展览得到了国家文物局、湖北省文化和旅游厅的高度重视和大力支持。国家文物局特别借展了2019年从成功从日本追索回国的曾伯克父组器，填补了湖北出土曾国文物的缺环。国家文物局博物馆与社会文物司罗静司长、金瑞国副司长、北京鲁迅博物馆李游馆长以及北京海关、武汉海关为促成曾伯克父组器参展付出了巨大努力。

　　中国国家博物馆、上海博物馆、河南博物院、重庆中国三峡博物馆、山西博物院、旅顺博物馆、广州博物馆、扶风县博物馆、随州市博物馆、襄阳市博物馆等兄弟单位均提供了重要文物参展，支持湖北疫后重振。各参展博物馆领导和同仁为借展文物做了大量工作。河南博物院李琴、上海博物馆马今洪、河南省文物考古研究院马俊才、山西博物院梁育军、崔跃忠、重庆中国三峡博物馆王麒越、广州博物馆曾玲玲、大连现代博物馆李媛媛、宝鸡青铜器博物院王竑等专家为借展提供了诸多帮助，中国国家博物馆黄一撰专文介绍此前未发表的宋代楚王熊章钟。在此，我们向这些领导、专家、同行一并表示衷心的感谢！

编者

2020年9月